イラスト
イラストでわかる

コミュニケーション
と
面接技術

対人援助職の
ための

須藤 昌寛

STEP 3
STEP 2
STEP 1

中央法規

はじめに

　本書は「コミュニケーション力を高めていきたい」と考えている対人援助職のために
書かれた入門書です。
　どのような対人援助の場面でもコミュニケーション力は必要です。例えば、社会福祉
の現場ではクライエントの思いを理解し、必要な支援につなげていくことが求められて
います。そのためにはクライエントの話を傾聴し、要約し、伝え返すというスキルを身
につけていく必要があります。教育現場でも同様に、教師は傾聴、要約、伝え返しとい
うスキルを使いながら同僚や養育者と連携し子どもたちが楽しく学べるような環境を整
えていくことが期待されています。
　コミュニケーション力は学ぶことで身につけることができます。
　本書の第1章では対人援助職にとって必要なコミュニケーション力を、「傾聴力」「共
感力」「質問力」「説明力」「非言語力」「読み取り力」「要約力」という7つの力として
整理しています。日頃から対人援助の現場で活躍されている方々にとっては馴染みのあ
るものばかりかもしれませんが、これからコミュニケーションについて学んでいこうと
考えている人にとっては役立つ情報もあると思います。
　第2章は実際の支援場面を想定し、そのなかでどのようなコミュニケーション力が必
要になるかを説明しています。取り上げた事例はクライエントや家族への支援、職場内
の連携などさまざまです。ご自身が抱えている課題に近い事例があれば、一読していた
だき解決のヒントにしてください。
　第3章はコミュニケーション力を相談面接のなかで活かしていく方法や、動機づけ面
接の基礎的な知識について書いています。動機づけ面接は近年、医療や保健、社会福祉、
教育、司法分野など多くの対人援助の現場で広がってきている面接法で、本書執筆の土
台にもなっています。みなさんの日々の実践に少しでも役に立つ部分があれば幸いです。

須藤　昌寛

イラストでわかる
対人援助職のためのコミュニケーションと面接技術　目次

はじめに

第 1 章 | 対人援助職に求められる
7つのコミュニケーション力

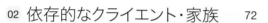

第2章 ケース別で磨く 誤解のないコミュニケーション

第3章 コミュニケーション力を活かした相談面接

第 2 節 ┃ **動機づけ面接と4つのプロセス**　156

対人援助職に求められる7つのコミュニケーション力

傾聴力

相手の話を
聴き
理解する

アイ
コンタクト

あいづち

沈黙

うなずき

傾聴力とは？

　傾聴力とは、「相手の話をきちんと聴き、理解する力」です。話を聴く、ということは簡単なようで、簡単ではありません。例えば、一生懸命にクライエントの話を聴いていると、役に立ちたいという気持ちからアドバイスをしたくなることがあります。あるいは、クライエントが間違ったことを言うと、すぐに訂正したくなることもあります。そのような対応をとれば、「きちんと話を聴いてもらっていない」とクライエントに思われてしまうことになります。

　アドバイスをすること自体は悪いことではありませんが、クライエントにとって本当に必要な助言や支援を行うためには、クライエントの話を正確に理解する必要があります。相手の気持ちや考えを理解せずに行うアドバイスは役に立たないことがあります。

安心して話をしてもらう

　また、支援を求めて来る人のなかには、話をすることに戸惑いや不安を感じている人もいます。そのような人たちに安心して話をしてもらうためにも傾聴力を高めることが必要です。安心して話をしてもらうことで、その人がどのような気持ちでいるのか、何を考えているのか、これからどうしていきたいのかなどを理解することができます。

　傾聴力を身につけるための第一歩として、自分自身のうなずき方やあいづちの仕方に気をつけ、アイコンタクトや沈黙の意味を理解することが大切です。傾聴するということは、ただ黙って話を聴くことではありません。聴いていることを相手に伝える必要があります。適切なうなずきやあいづちは、そういう聴き手のメッセージになります。

01 あいづち・うなずき

あいづちやうなずきは聴き手からのメッセージ

傾聴するとき、あいづちやうなずきは大切です。適切なあいづちやうなずきは、「あなたの話をきちんと聴いていますよ」というメッセージになります。

適切なあいづちやうなずきとは、**相手のペースに合わせた**ものです。相手がゆっくり話しているときは、聴き手もゆっくりと応答します。相手が早めに話しているときは、その速さに合わせて少しスピードを上げていきます。

反対に適切でないあいづちやうなずきというのは、「うんうんうん……」などと連続してあいづちを打ったり、腕や足を組んで相手を評価するようにうなずいたりすることです。また、あいづちやうなずきを一切せず、ノーリアクションで話を聴いていると、話し手は不安になります。

相手のペースに合わせる

大切なのは**観察力**です。クライエントがゆっくりと話しているときは、リラックスしているのかもしれません。あるいは「どう話せばわかってくれるかな」などと、考えながら話しているのかもしれません。話す速度に加えて、話し手の表情、声の大きさやトーンなどにも注意しながら、相手のペースに合わせてあいづちやうなずきをしていきましょう。

話し手の声が普段よりも大きかったり、話すペースが早いときは、興奮していたり、何かに怒っているのかもしれません。そういうときは「何があったのか教えてくださいね」という気持ちを忘れず、やはり相手のペースに合わせて応答していきます。

あいづち・うなずき　図

適切でないあいづち・うなずき

・相手のペースに合っていない
・相手を観察できていない
・過剰なあいづち
・腕や足を組んで相手を評価するような態度
・ノーリアクション

適切なあいづち・うなずき

・相手のペースに合わせる
・先行するより、ついていく感じ
・相手が怒っているときは、
　しっかり受け止めるように
・相手がリラックスしているときは、
　こちらもゆったりと

02 アイコンタクト

視線を合わせるのが得意な人と苦手な人

目と目を合わせて話をすることは、コミュニケーションの基本です。話をしているとき、聴き手が目をそらせたり、ほかの人や物に目を向けたりすると、話し手は「ちゃんと聴いてくれているのかな？」と不安になります。そのため、聴き手は話し手の思いをしっかりと受け止めようという気持ちで、**目を合わせて話を聴く**という姿勢が大切になってくるのです。

その一方で「目を合わせるのが苦手」という人もいます。そういうタイプの人は、話すときにあまり目を合わせません。相手から見つめられることも苦手です。目を合わせていると緊張し、何を話してよいかわからなくなってしまいます。

話し手のペースを尊重したアイコンタクト

視線を合わせて心地よさを感じる時間は人によって異なります。話をしている間、ずっと目を見ているほうがよいという人もいますが、ずっと視線を合わせていると、居心地が悪いという人もいます。時々視線を合わせるくらいがちょうどいいという人もいます。アイコンタクトに関しても、相手のペースを尊重することが大切です。

座る位置も工夫する

相手のペースを尊重するためには、話し手と聴き手の**座る位置**などにも配慮が必要です。聴き手が話し手の真正面に座ってしまうと、話し手は視線をそらすことができません。部屋の広さや椅子の位置などから正面に座らざるを得ない場合でも、少し身体をずらすだけで、話し手の視線は自由になり、心地よく話をすることができます。

アイコンタクト　図

適切でないアイコンタクト

・じっと見つめられると気まずい
・目が合いすぎて、
　責められているような気持ち
・視線が気になって話に集中できない

適切なアイコンタクト

・話し手のペースに合った
　アイコンタクト
・聴いてもらえている安心感
・視線が自由になる位置

第
1
章
対人援助職に求められる
７つのコミュニケーション力

第
2
章
ケース別で磨く
誤解のないコミュニケーション

第
3
章
コミュニケーション力を活かした
相談面接

沈黙

沈黙に焦らない

　会話中に起こる沈黙が苦手という人もいます。そういう人は、相手が黙ってしまうと「何か話さなければ」と焦り、会話を続けようとします。沈黙に気まずさを感じてしまうこともあるでしょう。しかし、**沈黙はそのまま待つ**、というほうがよい場合もあります。

　私たちは何か質問されたとき、考えをまとめる時間が必要です。そのようなときにああか、こうか、と畳みかけられると考えがまとまらなくなります。考えをまとめているときに起こる沈黙は、少し待ったほうがよい場合もあります。

　何を話してよいかわからないときにも沈黙は起こります。いわゆる、頭が真っ白な状態です。このような沈黙のときには、ただ待つというよりも、聴き手が声をかけたり少し質問をしたりしてもよいかもしれません。

沈黙している人の気持ちに寄り添う

　今は話したくない、という意味の沈黙もあります。面接中に信頼関係が損なわれてしまうと沈黙が起こります。面接に来る前から支援者に不信感や反感を抱いている場合も沈黙になります。そのような場合は、**信頼関係を回復**することを優先します。会話のなかでクライエントが不愉快な思いをしたのであれば、そのことについて謝罪します。そもそも面接に来たくなかった（無理矢理連れて来られた）というのであれば、来たくなかったという気持ちを受容します。

　沈黙にはいろいろなメッセージが含まれているので、すぐに沈黙を破ろうとするのではなく、どうして沈黙をしているのかと、**相手の気持ちに寄り添ってみる**ことが大切です。

沈黙への対応

考えをまとめている
場合は、待つ

頭が真っ白な（緊張している）
場合は、声をかけてみる

不快感を抱いている場合は、
気持ちに共感する

共感力

相手の立場で
物事を
理解する

単純な
聞き返し

複雑な
聞き返し

受容

強みを認め、
引き出す

共感力とは？

共感力とは、「相手の立場で物事を理解する力」です。相手の話を傾聴し、その人のおかれている状況や考え、気持ちなどを、その人の視点から理解します。

相手の立場に立って理解するということと、相手と全く同じ気持ちになるということは違います。クライエントを理解するために同じ経験をする必要もありません。共感するためには、**自分と他者のものの見方は違うのだ**ということを忘れず、傾聴に努めることが求められます。

また、相手に共感することと、同情することは違うので注意が必要です。共感には相手に関心をもちながら気持ちや考えを正確に理解しようという意味があります。それに対して同情には、相手の気持ちを理解しようというよりも、自分の価値観で「かわいそう」などと判断するニュアンスが含まれています。

共感していることを相手に伝える

共感は黙って相手の話を聴くだけではなく、**理解したことを言葉で伝え返すことが必要**です。黙って聴くだけでは、話し手は相手がどこまで理解しているのかわからなくなります。聴き手も相手の話を正確に理解しているか確認する必要があります。「あなたの話を誤解なく聴いていますよ」というメッセージを伝えるためには**聞き返し**というスキルを使います。

話し手は自分の気持ちを言葉で100％伝え切れていないこともあります。「どう説明してよいかわからない」ということもあります。そういう気持ちを推測し、「こういうことですよね」と伝え返していくのも聞き返しです。聞き返しによって話し手が自分の気持ちや考えに気づくということもあります。

01

聞き返し

◗ 聞き返しとは？

　聞き返しとは、**話し手が語ったことを伝え返す**スキルです。話し手は自分の話したことを自分以外の人の声で聴くことになるので、自分自身の考えや感情を確認できます。

◗ 単純な聞き返し

　話し手の言ったことをそのまま繰り返す、あるいは少しだけ変えて伝え返すのが単純な聞き返しです。例えば、話し手が「介護が大変なんです」と言うことに対して、「介護が大変なんですね」とか「大変ですよね」というように応答するのが単純な聞き返しです。単純な聞き返しは、話し手に対して「共感していますよ」というメッセージになり、信頼関係を深めるためには必要なスキルになります。しかし、単純な聞き返しだけを繰り返し使っていると、話が前に進まず同じところをグルグルと回っているような会話になってしまうことがあります。

◗ 複雑な聞き返し

　複雑な聞き返しは、**クライエントの話したことに支援者が意味を付け加えて伝え返し**ます。言い換えれば、相手がまだ話していないけれど質問すれば答えてくれるだろうな、ということを推測して伝え返すスキルです。クライエント自身の言葉にならない気持ちや、まだ気づいていない気持ちを代弁するスキルといってもいいかもしれません。例えば、クライエントが「介護が大変なんです」ということに対して、「そろそろ介護保険の申請も考えているのかな」とか「1人で背負い込むのは大変ですよね」というように伝え返すのが複雑な聞き返しです。

単純な聞き返し

介護が
大変なんです……

介護が
大変なんですね

複雑な聞き返し

介護が
大変なんです……

そろそろ
介護保険の申請も
考えているのかな

※クライエントの話を推測し伝え返す際、推測が当たらないこともあります。その場合はこちらの思い込みを捨て、「もう少し詳しく教えてください」というようにクライエントに尋ね、考えや気持ちを理解していきます。

受容

受容には共感力が必要

　クライエントの話していることや行動を批判せずに理解しようという姿勢が受容です。共感力によって相手の立場で物事を理解することも受容に含まれます。そこには話し手の気持ちや考えを否定するという意図はありません。聞き返しも同じです。「あなたは今こういう気持ちなのですね」とか「そういう考えなのですね」と聞き返すことは話し手を受容しているのだと伝えることになります。

　一方、質問をするときは注意が必要です。例えば、話し手が「疲れています」と話したことに対して「疲れているの？」という質問は、「本当に疲れているの？」という疑いのような気持ちを伝えてしまうことがあります。適切な質問をすることは必要なスキルですが、受容しているということを伝えるためにはうなずきやあいづち、あるいは聞き返しを行っていきます。

「受容すること」と「受容していることを伝えること」

　受容というと、否定しないで相手の話を聴いたり、うなずいたりすることだと考える人もいます。しかし、それは「受容していますよ」ということを相手に伝えるためのスキルです。スキルなので身につける必要がありますが、「否定しないで話を聴く」「うなずく」といったことをするだけでは、本当に相手を受容していることにはなりません。

　相手を受容するとは、**相手を価値ある人として尊重する**ということです。その人のありのままを認め、受け入れるということは、**自律性を尊重する**ことでもあります。最終的に何かを決め行動するのはその人自身であるということを理解しましょう。支援者はアドバイスをしますが、最終的にそれを受け入れるかは本人次第です。

受容すること

・相手を価値ある存在として尊重すること
・その人のありのままを認め、受け入れること
・自律性を尊重すること

受容していることを伝えること

・聞き返し
・うなずき
・あいづち
・否定しないで話を聴く
・行動を批判しない

03 強みを認め、引き出す（是認）

味方になる

　共感力を使ってクライエントの気持ちや考えを正確に理解し、それを言葉で伝え返すことは、話し手からすれば心強い味方を得た気持ちになります。そのため、話を聴いてクライエントのものの見方や考え方を理解するように努め、共感していきます。そうすることで互いの気持ちがより近づいていきます。

相手の強みを認める

　話し手に「わかってもらえた」と感じてもらうためには、**相手の強みを認める**ことも大切です。強みとは、クライエントがこれまで一生懸命にやってきたこと、なんとか解決しようとしてきた努力などです。そういった強みに対し、ただ「すごいですね」と称賛するのではなく、「これまで粘り強く取り組んでこられたのですね」というように、具体的に言葉で伝え返していきます。

　自分の強みは、自分自身では気づかないこともあります。共感力はそういう強みに気づいてもらえる力にもなります。クライエントの言葉に共感し、強みに気づいたら複雑な聞き返しで伝え返します。「問題を解決するために一生懸命努力してこられたのですね」とか「最後まで諦めずに取り組める力がありますね」というような感じです。

強みを引き出す

　「そのような大変な状況をどうやって乗り越えてきたのですか？」というような質問は、相手の口から強みを引き出すことができます。質問によって相手の口から強みが飛び出てきたら共感を示していきましょう。

強みを認め、引き出す（是認）図

強みを引き出す3つのステップ

1

相手のとらえ方や考え方に共感を示し、
理解者（味方）になる

↓

2

相手の取り組みや努力を認め、
具体的に言葉で伝え返す

↓

3

複雑な聞き返しや質問で、相手自身が
強みに気づけるようはたらきかける

強みを認め、引き出す言葉がけ・質問例

いろんなことに気を配りながら、陰でサポートしてこられたのですね

困難な状況でも、諦めずに取り組んでこられたのですね

日々コツコツと努力を積み重ねてこられたのですね

どうしてそのような考え方ができるのですか？（すばらしいですね）

そのような状況をどうやって乗り越えてきたのですか？（なかなかできることではないですよ）

苦しい状況でもそんなふうに前向きでいられるのはなぜですか？

質問力

信頼関係の
形成

閉じた
質問

開かれた
質問

気持ちの
強さを尋ねる

本音を
引き出す

質問力とは？

　質問力とは、「質問によって相手の状況を確かめたり、相手の気持ちや考えを理解したり、強みを引き出したりする力」です。質問は信頼関係の形成にも役立ちます。適切な質問を受けると「よく聴いてくれた」とか「もっと話したい」という気持ちが高まり、質問者との**心理的な距離が近くなる**のです。

　私たちは、日常生活のなかでも質問をよく使うので、質問について改めて詳しく考えたことのある人は少ないかもしれません。しかし、支援におけるコミュニケーションのなかで必要になる質問力は、相手からの情報を引き出すために、**意図的に使う**という点で、日常生活で何気なく使っている質問とは異なります。

２種類の質問

　質問には**閉じた質問（クローズドクエスチョン）**と**開かれた質問（オープンクエスチョン）**の２種類があります。支援者は、質問を詳しく理解し、状況に応じて適切な質問を使えるようにする必要があります。

　質問を使い分けるというと、難しく感じるかもしれませんが、まずは２種類の質問がどういうものなのかを理解するところから始めていきましょう。閉じた質問と開かれた質問が理解できたら、次は日常生活のなかで意識して使ってみてください。「今、自分は開かれた質問を使ったな」とか、「今の質問は閉じた質問だな」というように意識を向けてみることは、質問力を身につけるためのよい練習になります。

01

閉じた質問
（クローズドクエスチョン）

閉じた質問とは

　閉じた質問とは、「はい」「いいえ」で答えることのできる質問です。例えば、「ご飯は食べましたか？」といった質問や、「勉強は好きですか？」といった質問は、「はい」あるいは「いいえ」で答えることができるので閉じた質問になります。

　「はい」「いいえ」で答えることのできる質問以外に、**答えが限定された質問**も閉じた質問に分類されます。答えが限定された質問とは、「出身地は何県ですか？」とか、「コーヒーにしますか、それとも紅茶にしますか？」といったものです。出身県を尋ねる質問の答えは、47都道府県に限定されています。コーヒーか紅茶かという質問も答えは2つに限定されています。このような質問が閉じた質問です。

閉じた質問の効果

　閉じた質問は「はい」「いいえ」で答えることができ、相手に説明を求めてはいないので、話をすることが得意ではない人にとっては**心理的な負担の少ない質問**になります。面接の開始時に閉じた質問を使うことで、コミュニケーションがスムーズに進みます。あるいは事実の確認、という意味でも閉じた質問は有効です。

　反面、閉じた質問を連続して使っていると、質問された人は問い詰められているような気持ちになります。また、1つの質問に対して、「もう少し説明したい」という人にとっては、自分の話を聴いてもらえていないという気持ちになることがあります。

　また、閉じた質問のやりとりを続けていると、答える側の人は「はい」や「いいえ」で答えるだけになり、自分の気持ちや考えをまとめる機会を失ってしまうので注意が必要です。

閉じた質問（クローズドクエスチョン）　図

閉じた質問の例

コーヒーは
好きですか？

はい、好きです

閉じた質問のメリット・デメリット

閉じた質問のメリット	閉じた質問のデメリット
心理的な負担が少ない	物足りなさを感じる
正しく事実の確認ができる	自分の話を聴いてもらえていない気持ちになる
スムーズに会話を展開できる	自分の気持ちや考えに気づく機会を失う
はっきりと意思確認ができる	問い詰められているような気持ちになる

第
1
章　対人援助職に求められる
7つのコミュニケーション力

第
2
章　ケース別で磨く
誤解のないコミュニケーション

第
3
章　コミュニケーション力を活かした
相談面接

02

開かれた質問
（オープンクエスチョン）

開かれた質問とは

　開かれた質問とは、「はい」「いいえ」で答えることのできない質問のことです。閉じた質問以外の質問は開かれた質問に分類されます。例えば、「あなたの気持ちを教えていただけますか」とか「勉強することについて、どう思いますか」というような、相手の気持ちや考えを理解していくような質問です。

　相手の気持ちや考えを引き出したいときは開かれた質問を使います。質問した後に返ってきた答えを丁寧に聞き返すことで、より深い理解につながります。また、共感力（p.16）でも説明したように、「そのような大変な状況をどうやって乗り越えてきたのですか」というような開かれた質問を使うことで、話し手の強みを引き出すのは、有効な方法です。

開かれた質問の効果

　開かれた質問には、**話し手の気持ちや考え、おかれている状況などを深く理解できる**という効果があります。また、話し手は質問されることではじめて自分の気持ちに気がつくということもあります。さらに「あなたの考えを教えてください」という質問は、「あなたに関心をもっていますよ」というメッセージを伝えることにもなります。開かれた質問に対する答えを傾聴することは、話し手の「話を聴いてもらった」という気持ちを深めていきます。

　反面、話をすることが得意ではない人にとっては、「どう説明をしていいのか」と困惑してしまうこともあります。信頼関係が築けていない人に対して開かれた質問を行っても、十分な答えが返ってこないことがあります。

開かれた質問（オープンクエスチョン）図

開かれた質問の例

どうやって
大変な状況を
乗り越えたのですか？

まわりの人に
助けてもらうことで、
乗り越えられたと思います

開かれた質問のメリット・デメリット

開かれた質問のメリット	開かれた質問のデメリット
相手の考えや気持ちを深く理解できる	口下手の人は困惑してしまう
話し手が自分の気持ちに気づくきっかけになる	明確な答えが得られない
相手の強みを引き出せる	信頼関係が築けていないと難しい
受容しているというメッセージを伝えられる	話題が脱線してしまう

03

効果的な質問

● 気持ちの強さを尋ねる質問

　支援者としてクライエントの気持ちの強さを確認したいとき、**スケーリングクエスチョン**が有効です。スケーリングクエスチョンとは、「福祉サービスを使いたい気持ちを０から10の段階で表すと、いくつになりますか？」というような質問のことです。

　上記の質問でクライエントが福祉サービスを使いたい気持ちを「６」と答えたとします。そのとき「どうして８や７ではなく６なのですか？」と、クライエントが答えた数字よりも大きい数字を使って尋ねると、クライエントは福祉サービスを使いたくない理由を話すようになります。反対に「どうして３や４ではなく６なのですか？」と尋ねると、福祉サービスを使いたい理由を話すようになります。

● 控えめな質問と大げさな質問

　同じことを尋ねる場合でも、**控えめに質問する**場合と、**大げさに質問する**場合とではクライエントの反応は変わります。

　例えば、クライエントが「怒っています」と話す場合、「イライラしているのですね？」というように控えめに質問すると、「イライラしているどころか、かなり怒っているんですよ」というように、怒りに対して詳しく説明してくれるようになります。

　反対に「激怒しているのですね？」とクライエントの気持ちを大げさに考えて質問すると、「いえ、それほどでもないです」「激怒というほどのものではありません」というように、怒りに対する気持ちを抑えた応答になります。クライエントの本音が見えにくいときや、状況・気持ちをより詳しく知りたいときに、効果的です。

気持ちの強さを尋ねる

そのときの気持ちを
1から5の5段階で表すと
いくつになりますか？

4くらいで
しょうか

・気持ちの強さを知ることができる
・（続けて質問することで）どうしてそのような気持ちを
　抱いているのか、理由を知ることができる

控えめ、大げさに尋ねる

少しはうれしく
感じられましたか？

はい、実はとても
うれしかったです！

・状況や気持ちをより詳しく知ることができる
・本音や感情を引き出すことができる

第 4 節　説明力

わかりやすく
伝える

結論を先に
伝える

相手の理解力
を把握する

要望を伝える
（EPE）

アイ・
メッセージ

説明力とは？

説明力とは、**「相手にわかりやすく伝える力」** です。相手にわかりやすく伝えるためには、こちらが伝えたいことを一方的に伝えるのではなく、相手に合わせて伝えることが必要です。そのためには、伝えるための工夫や、相手の理解力を把握するための**観察力、質問力**が必要になってきます。伝えるための工夫としては、結論を先に伝える、要望を伝えるときは相手の気持ちを考えながら伝える、などがあります。**アイ・メッセージ**も有効な方法です。

説明と説得

説明は物事を相手にわかりやすく伝えることであり、その説明を聴いて相手がどう行動するかは相手次第ということになります。つまり行動する・行動しないという判断は説明を聴いた本人に委ねられているのです。

それに対して説得は、説得する側が説得を受ける側を「説き伏せる」というニュアンスが含まれています。気をつけたいことは、人は強い説得を受けると、説得されている方向とは逆のほうに気持ちが傾いてしまうことがある、ということです。例えば、「行動したいけれど、迷っている（行動しなくてもいい）」という人に対して、行動するように強い説得をすると、「行動しない」という気持ちが強くなってしまうことがあります。相手を心配するあまり、説明しているつもりが強い説得になっている、ということにならないよう注意しましょう。

01

伝え方の工夫

▶ 結論を伝える

　日常生活のなかで会話を楽しむこととは異なり、業務上の報告や情報共有、あるいはクライエントへのアドバイスなどでは、わかりやすく伝えることが必要です。そのためには、1番伝えたいこと、すなわち**結論をはじめに伝えます**。結論から伝える方法は時間が限られているときにも有効です。

　伝える側からすると、「状況を伝えないと理解してもらえないのではないか」という気持ちになることもありますが、まずは結論から伝え、その後で必要に応じて結論に至った状況を説明していきます。必要に応じて、というのは相手との会話にどの程度の時間を使えるのか、または相手がどの程度の情報を求めているのかということによって、説明する情報量を変えるということです。

▶ 理解度に応じて伝える

　理解する力は人によって異なります。子どもに説明するときは、その子どもが理解できるように説明する必要があります。大人に対しても、例えば福祉制度などの専門的な説明をするときは、クライエントがはじめて聴く言葉なども多くなるので、**相手の理解度を確認しながら**話を進めます。説明がひと段落したときに「ここまではご理解いただけましたか」とか「わかりにくいことがあればいつでもおっしゃってくださいね」というように声をかけるとよいかもしれません。

　また、専門用語は必要がない限りなるべく使わないようにします。専門用語は同じ専門職同士の情報共有では便利ですが、専門性の異なる人や専門職でない人にとってはわかりにくいことがあります。

わかりやすく伝えるための基本

結論から伝える

会話に使える時間を考慮する

相手の理解力に合わせる

相手が理解しているか、確認する

専門用語はなるべく使わない

など

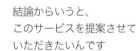

結論からいうと、
このサービスを提案させて
いただきたいんです

なるほど……

02 要望の伝え方

引き出して、提供し、引き出す

　要望を伝えるときに役立つのが、「引き出す－提供する－引き出す」というスキルです。EPE（Elicit-Provide-Elicit）とも呼ばれています。EPE は本来、相手に対してアドバイスや情報提供を行うときに用いるスキルです。

　相手に何かを伝えたいとき、まずは相手に許可を求めます（引き出す）。具体的には、「少しお話したいことがあるのですが、よろしいでしょうか」とか、「お願いしたいことがあるのですが、聴いていただけますか」といったような感じです。そして、相手がOKであれば、その後でこちらの要望を伝えます（提供する）。そして最後に、「よろしいでしょうか」「ご理解いただけましたか」というように、こちらの要望について相手がどのように考えているかを確認します（引き出す）。

相手の気持ちを大切にする

　相手に要望を伝えるとき、こちらの思いだけを伝えると、相手は強制されているような気持ちになってしまいます。強制は心理的抵抗を引き起こし、こちらの話したいことが相手の耳に届かなくなることもあるので注意が必要です。

　相手の心理的抵抗を弱めたり、相手の自律性を尊重したりしていることを示すためにも、いきなり要望を伝えるのではなく EPE を使います。「少しお話したいことがあるのですが、よろしいでしょうか」と相手に許可を求めることは、「あなたの意思を尊重していますよ」というメッセージになります。そして相手に要望を伝えた後、改めて「よろしいでしょうか」と尋ねることは、一方的な要求を行っているのではなく、「あなたとともに物事を進めていきます」というメッセージにもなります。

EPEの流れ

引き出す
（Elicit）

少しお話したいことがあるのですが、
よろしいでしょうか？

お願いしたいことがあるのですが、
聴いていただけますか？

提供する
（Provide）

○○という理由で、
○○について
教えてほしいんです

もっと○○したら
よくなるのでは
ないかと……

引き出す
（Elicit）

ここまでの内容について、よろしいで
しょうか？

ご理解いただけましたか？

03

ユー（You）・メッセージと
アイ（Ｉ）・メッセージ

「あなた」を主語にした伝え方

　自分の気持ちを伝えるとき、２種類の方法があります。例えば、子どもに部屋の掃除をしてもらいたいとき、「掃除をしなさい」と伝えることもできますし、「掃除をしてくれるとうれしいんだけどな」という伝え方もできます。どちらで伝えるかは状況にもよりますが、両者は伝えているメッセージが異なります。

　「掃除をしなさい」は「あなた（You）」を主語にしています。つまり、「〈あなたは〉掃除をしなさい」ということです。このような伝え方は、相手に対して「〇〇しなさい」という話し手の要求を伝えていることになるのです。話す側が意図しているかはともかく、「あなた」を主語にしたメッセージは、強制されているような気持ちを引き起こすことがあります。このようなメッセージを**ユー（You）・メッセージ**といいます。

「私」を主語にした伝え方

　それに対して「掃除をしてくれるとうれしいんだけどな」というメッセージは「私（Ｉ）」が主語になっています。つまり、「掃除をしてくれると〈私は〉うれしいんだけどな」ということです。このような伝え方を**アイ（Ｉ）・メッセージ**といいます。ユー・メッセージとは異なり、アイ・メッセージは「私」の気持ちを伝えるだけで、相手に何かを強いるようなニュアンスは含まれていません。

　ユー・メッセージとアイ・メッセージのどちらを使うかは相手との関係性や状況によって変わると思いますが、こちらの気持ちをおだやかに伝えたい、指示や強制といったニュアンスを伝えたくない、というような場合にはアイ・メッセージを使ってみましょう。このような伝え方は、**アサーティブ（主張と尊重のある）**コミュニケーションにつながります。

ユー（You）・メッセージとアイ（Ｉ）・メッセージ　図

ユー（You）・メッセージ

あなたを主語にした伝え方
・なぜ〈あなたは〉できないの？
・〈あなたは〉もっと早くして
・どうして〈あなたは〉そんなこと
　言うの？

アイ（Ｉ）・メッセージ

私を主語にした伝え方
・あなたなら、もっとできると〈私
　は〉思うな
・もう少し早いと〈私は〉うれしい
　です
・その話を聴いて〈私は〉悲しかっ
　たよ

非言語力

言葉以外の
メッセージを
伝える力

表情・仕草

パーソナル
スペース

服装・髪型

行動

服装　口調　視線　表情　姿勢　手ぶり

非言語力とは

　非言語力とは、「**言葉以外のメッセージを伝える力**」です。言葉以外というのは、表情や仕草、声の高さや話すスピードなどのことです。話を聴いているときの姿勢やパーソナルスペースなども非言語力に含まれます。コミュニケーションをとるとき、話し手の非言語的なメッセージに気づくことも大切ですが、**話を聴く側も非言語的なメッセージを相手に伝えている**のだということを忘れないようにしましょう。

　コミュニケーションの際に視覚情報や聴覚情報は、言語情報よりも大きな影響を及ぼすことがあるため、非言語力は支援者に欠かせません。

非言語力が相手に与える影響

　自分の表情や仕草が相手に影響を与えているというのは、例えば、聴き手がおだやかな顔をしていれば、話し手は安心するということです。あるいは、話に合わせてあいづちを打ってくれたり、うなずいてくれたりすると、「話を聴いてもらった」という気持ちになるということです。

　反対に腕を組んだり足を組んだりしながら話を聴いていると、話し手は威圧感を覚えることがあります。聴き手からすれば、一生懸命に考えていることを示すために腕組みをしているのかもしれませんが、そういう聴き手の意図が正確に理解されるとは限りません。非言語力はコミュニケーションの受け手、送り手どちらの立場でも相手に影響を与えているのだということに留意してください。

01

変化が伝えるメッセージ

表情や仕草、話し方の変化

　言葉に注意を向けるのと同じくらい、相手の言葉以外のメッセージに注意を向けることが大切です。具体的には**表情や視線**、**話をするときの姿勢**などからも相手の気持ちを読み取ることができます。話しているときにおだやかな表情をしているか、あるいは緊張しているか、視線の合わせ方はどうか、などにも注意してみましょう。

　一方、クライエントもまた、支援者の話し方や話すスピード、声の調子などを、支援者の気持ちを理解するための手がかりにしています。自分の仕草や表情などが相手にどのような印象を与えているのか意識しながらクライエントと向き合うことが大切です。

服装や髪型などの変化

　服装や髪型の変化が言葉以上に話し手の気持ちを伝えるメッセージになることがあります。普段はきちんとした服装や髪型の人に変化がみられるときは、普段とは異なった気持ちを抱いているのかもしれないですし、「心ここに在らず」といった状態なのかもしれません。

　服装や髪型の乱れを直接指摘することは難しいですが、「どうしましたか」とか「お疲れにみえますが……」というように、相手の様子を尋ねるなどしてもいいでしょう。そのように尋ねてみることで、相手の気持ちやおかれている状態を引き出していけるかもしれません。ただし服装や髪型の変化が必ずしも心の変化を伝えているとは限りません。先入観で物事を判断しないようにしてください。

　同じように支援者も身だしなみに注意を払う必要があります。クライエントに会う前には髪型や服装を整え、クライエントに余計な心配をかけないようにしましょう。

変化が伝えるメッセージ　図

非言語メッセージ例

□仕草

腕組み／足組み／貧乏ゆすり／
ため息／髪の毛を触る／目を
合わせない　など

□表情

怒っている／沈んで
いる／おだやか／晴
れやか／疲れている
など

□服装・髪型・化粧

整っている／乱れて
いる／奇抜／控えめ／
清潔　など

□話し方

声が高い・低い／
ゆっくり／速い／流暢／
饒舌／たどたどしい　など

□その他

香水の匂い／ボディタッチ／
パーソナルスペース　など

02 行動が伝えるメッセージ

パーソナルスペースを尊重する

　パーソナルスペースとは、人がもつ「縄張り」のことです。パーソナルスペースの広さは、人によって異なりますが、踏み込まれると心地よく話せなくなってしまいます。コミュニケーションをとるときは、相手との距離にも気をつける必要があります。特に、支援者が相手の話をよく聴こうと思って相手に近づいたとき、相手が身を引くような行動をとるならば「互いの距離が近すぎます」というメッセージかもしれません。その場合は少し距離をとって話すようにします。

　大切なのは、距離に関してもクライエントのペースを尊重してコミュニケーションを進めていくことです。

行動からメッセージが伝わる

　相手の行動からもメッセージが伝えられます。例えば、クライエントが「もっと話したい」と思うときは、前かがみに身を乗り出してきたり、顔を支援者に向けてきたりします。反対に「あまり話したくない」という気持ちのときは、視線をそらせたり、腕や足を組んだり、面接時間に遅れてきたりします。

　注意しなければいけないのは、**行動の意味は一つだけではない**ということです。腕や足を組んでいたからといって、必ずしも相手を拒否しているということではありません。大切なのは、言葉で発信されたメッセージ同様、行動からもクライエントのメッセージを読み取ることができるということを理解しておくことです。

パーソナルスペースの距離

~45cm

密接距離

恋人・家族

45cm～120cm

個体距離

友達

120cm～360cm

社会距離

仕事関係

360cm～

公衆距離

演説

参照：Edward. T. Hall、日高敏隆・佐藤信行訳「かくれた次元」みすず書房、pp.160-181、1970年をもとに作成

行動が伝えるメッセージ例

行動	メッセージ例
前かがみに身を乗り出す	もっと話したい、興味がある　など
視線をそらす	話したくない、興味がない　など
髪の毛を触る	不安、退屈　など
凍く歩く	緊張、いらだち　など
ため息	疲れ、あきらめ、憂うつ　など
頬杖をつく	不満、深く考える、退屈　など

読み取り力

相手を正確に
理解する

体調・気持ちを
整える

自分のことを
知る

不協和に
注意する

想像する

読み取り力とは？

読み取り力とは、**「相手を正確に理解する力」**です。相手を正確に理解するためには、相手の言葉を正確に理解することはもちろん、話し方や声の調子、表情、服装、髪型など言葉以外の様子にも注意を払う必要があります。

第5節の非言語力でも述べたように、話し手は言葉のメッセージに加えて、**言葉以外のメッセージ**も送ります。言葉のメッセージと言葉以外のメッセージ、その両方を受信する力を身につけましょう。そして、その2種類のメッセージを受信しながら、さらに深く理解するためには、相手の思いを想像してみることも役立ちます。「もしかしたらこういうことを言いたいのかな」などと想像し、それを相手に確認できるようになると、相手への理解がより深まります。

読み取るための観察力

面接技術を学びはじめたばかりの人は、クライエントの話の内容を理解するよりも、「次に何を質問しようか」ということに気を取られてしまうこともあります。そのような状態では、言葉以外で語られるメッセージ（言葉で語られるメッセージとは一致しないこともあります）を正確に理解することが難しくなります。

一方で面接に慣れた人は、クライエントの語る内容に集中すると同時に、クライエントの姿勢、表情、声の調子などにも注意を払うことができます。このようになると、言葉では伝えきれていないクライエントの思いを理解することができるようになります。そうなるためには観察力を高めていくことも大切です。観察力を高めていくためには、普段の会話のときにも話し手の仕草や話し方、表情、服装、髪型などに注意を向けていくことです。はじめは話し手の語る言葉ばかりに注意が向いてしまいますが、慣れてくると言葉以外のメッセージを受け取れるようになります。

01

読み取るための心構え

相手の間違いを即座に否定しない

　私たちは相手が間違ったことを言うと、即座に否定してしまうことがあります。例えば、自分の名前を読み間違えられたとき、その場で修正したくなったという経験をもつ人は少なくないのではないでしょうか。しかし、修正したり否定したりすると、相手はそれ以上話をしようという気持ちにならなくなります。そうなると、相手の考えや気持ちを読み取ることが難しくなってしまいます。

　支援者はさまざまな知識やスキルをもっています。そのため、クライエントが事実と違うことを話していると、つい「正しい知識を伝えたい」という思いから、否定してしまうことがあるのです。しかし、そのような対応は、**相手との信頼関係を損なう**ことがあるということを忘れないようにしましょう。

体調や気持ちを整える

　体調が悪いときや心が不安定なとき、相手の話を聴くことが難しくなります。心身ともに健康でいることはコミュニケーションをとるときに大切なことです。特に面接を行う予定が入っているときは、心身を労わり、体調を崩さないようにしておきましょう。

自分のことを知る

　自分の価値観を理解しておくことも必要です。なぜなら、自分の価値観に合う話は受け入れやすく、自分の価値観に合わない話は受け入れにくいものだからです。そのことを自覚していないと、相手の話を聴いたときに、無意識に賛同しすぎてしまったり、否定してしまったりすることがあります。

読み取り力を発揮するためのチェックリスト

☐体調がよい

☐精神的に不安なことが（ほとんど）ない

☐休息が十分とれている

☐自分の価値観を理解できている

☐自分の差別・偏見意識を理解できている

☐自分の得意・苦手な話題を理解できている

体調よし！
しっかり聴こう！

02 メッセージを読み取る

▶ 相手の表情・仕草を観察する

第5節の非言語力でも説明したように、クライエントは**表情や仕草**などからもさまざまなメッセージを送ってきます。そのメッセージは言葉とは違った意味をもつこともあります。例えば、言葉では「大丈夫です」と話すクライエントの表情が曇っていたら、「本当は大丈夫ではない」という気持ちを伝えているのかもしれません。

緊張しているか、それともリラックスしているか、前かがみになって話しているか、それともゆったりと腰かけて話しているか、落ち着いた話し方か、それとも焦っている話し方か、などクライエントの様子をよく観察します。クライエントの表情や仕草、行動には、言葉では伝え切れていないメッセージが含まれているかもしれません。

▶ 不協和に注意する

例えばクライエントから、面接の最中に「どうせ話しても無駄だと思います」「あなたにはわからないだろうけど……」「もう帰ってもいいですか」というような発言があった場合、**不協和**が起こっているかもしれません。不協和とは、クライエントと支援者との関係がうまくいっていない状態のことです。

不協和は、支援者の発言によって引き起こされることもあれば、支援者と出会う前から（以前の支援者との関係によって）引き起こされていたこともあります。いずれにしても、クライエントの発言から、これ以上面接を続けたくない、というような気持ちが読み取れた場合、関係性の修復に努めます。支援者の発言によって不協和を起こした場合は発言を謝罪します。面接の前から不協和が起こっていた場合は、クライエントの話を傾聴し、考えや気持ちを理解していきます。

言語メッセージと表情・仕草の不一致の例

大丈夫です！

本当は大丈夫では
なさそう……

不協和メッセージの例

言語的な不協和メッセージの例

「どうせ話しても無駄でしょ」

「あなたにはわからないでしょうけど……」

「もう帰ってもいいですか」

「もう結構です」

「こんなところ来たくなかった」

「こんなことして、意味があるんでしょうか」

非言語的な不協和メッセージの例
うつむいたまま沈黙する
目を合わせず、時計ばかり見る
腕や足を組んだり、背もたれに寄りかかったりする（けだるそうな様子）
スマホを頻繁に触っている
大幅な遅刻をする

第
1
章
対人援助職に求められる
7つのコミュニケーション力

第
2
章
ケース別で磨く
誤解のないコミュニケーション

第
3
章
コミュニケーション力を活かした
相談面接

想像する

相手の思いを想像する

　私たちは自分の気持ちや考えを言葉で表現します。ここで忘れてはならないのが、話し手は気持ちや考えを相手に伝える段階で、100%伝えきれていないことが多いということです。本人は100%伝えた気になっていても、80%しか伝えられていないかもしれません。あるいは80%しか伝えきれていないことを自覚し、もどかしさを感じているかもしれません。

　聴き手も同じです。相手が80%しか伝えていないにもかかわらず、100%理解したと思ってしまうこともあります。ここで大切なのは、「私の理解はまだ不十分かもしれない」という認識です。話し手はもう少し話したいことがあるかもしれない、そう考えながら**相手の思いを想像してみる**ことが必要です。

環境や背景から想像する

　人は育った環境や、受けてきた教育、友人関係などから影響を受けています。どのような土地で育ち、どのような学校に通い、どのような職に就いたのか、というようなことはクライエントを理解するための貴重な情報源になります（このような情報は、初回面接で聴くことができますし、あるいはクライエントから話してくれることもあります）。

　クライエントとコミュニケーションをとるとき、こういった情報を知っておくと、クライエントの**発言の意図や考え方**を理解しやすくなることがあります。クライエントの育った環境などから、クライエントの性格や好み、価値観を想像することができるのです。

　しかし、想像するだけでは、相手のことを正確に理解しているのか、それとも誤解しているのかわかりません。想像したことは**言葉で確認する**ことも必要です。

話し手と聴き手の感覚のずれ

話し手の気持ち　　　　　　　　　　　　　聴き手の感覚

100%
伝えられた！

80%くらいは
理解できたかな

話し手の気持ち　　　　　　　　　　　　　聴き手の感覚

80%しか
伝えられなかった……

100%
理解できた！

□自分の気持ちや考えを100%相手に伝えることは難しい
□相手の気持ちや考えを100%理解することは難しい
□互いにギャップがあることを認識し、相手の気持ちや考え、その背景を想
　像する

04 読み取ったメッセージを確認し、活用する

読み取ったメッセージを確認する

　先ほども述べたように、相手のメッセージを読み取ったとき、「きちんと理解できた」と思っていても、誤解していることがあります。相手が意図しているように理解できているかどうかは当人に確認するまではわかりません。特に支援者は、自分のもっている知識や過去に経験した事例をもとに判断してしまうことがあります。そのため、メッセージを読み取ったとき、「わかった」つもりになるのではなく、「あなたの話していることは〇〇ですよね」とか「〇〇ということで間違っていませんか」というように質問して内容を確認するようにしてみてください。

　確認したことに対して話し手が「そうだ」と答えてくれれば、しっかりと話が聴けている証拠になります。「そうではない」というような答えが返ってきても心配することはありません。「もう一度教えてください」と謙虚に傾聴し理解に努めればよいのです。

読み取ったメッセージを支援に活かす

　クライエントの表情や仕草などから読み取ったメッセージを確認することは、支援者１人でできることではありません。クライエントと支援者との共同作業（対話）が必要です。共同作業によって支援者はクライエントから気持ちや考えを教えてもらうことになります。クライエントから教えてもらったことは具体的な支援につなげるなど適切な対応をとることが大切です。クライエントに関する情報をただ集めるだけで何も対応しなかったり、不適切な対応をしたりしてしまうと、クライエントとの信頼関係を損なうことになります。

読み取ったメッセージを確認し、活用する　図

メッセージを読み取るときの留意点

先入観をもたない

自分の知識をもとに
判断しない

過去の事例と
すぐに結びつけない

「問題」を
決めつけない

相手の視点から
理解することを
忘れない

すぐにアドバイスや
情報提供をしない

要約力

簡潔に
まとめて
伝え返す

話を先に
進める

取捨選択して
伝え返す

焦点化

自己理解

要約力とは

　要約力とは、「相手の話を聴き、**簡潔にまとめて伝え返す力**」です。聞き返しと似ていますが、聞き返しは相手の話したこと１つひとつに対して行っていくスキルです。それに対して要約力は、相手の話がひと段落したときや、面接を終了するときのまとめとして必要になる力です。要所要所で行う少し長い聞き返し、というイメージになるかもしれません。

　クライエントの話がひと段落したら、それまでに聴いたことをまとめ、言葉で伝え返します。このように伝え返すことは、「あなたの話をきちんと理解していますよ」というメッセージにもなります。また、要約は話し手自身が自分の話したことを、要約する人の声で聴くことになるので、**自分の考えや気持ちを客観的に振り返る**、ということにもつながります。

話を先に進めるための要約

　相手の話がひと段落したときに行う要約は、それまでの話を正確に理解できているかを確認するための方法でもあります。ただし、そういった意味合いの要約であっても、要約の伝え返しを聴いた相手に新しい考えが浮かぶこともあります。そういうときは相手の話をさらに傾聴し、新しく聴いた話も要約していきます。相手の話が広がってきたら、焦点化の段階に移ります。焦点化については後述します。

　相手の話がひと段落したときに行う要約のほかに、話を先に進めるときにも要約を行います。例えば、「ここまでの話題は○○ということでしたよね。それで○○さんはどのようになさるおつもりですか」とか「つまり、○○ということですね。今後は（事態が）どのように変わっていけばいいと思いますか」というように要約と質問をセットにすることで、話を先に進めていくことができます。

01 支援の目的をふまえた要約

目的を明確にする

　クライエントとのコミュニケーションは日常の会話と違って、**目的を明確にする**必要があります。日常会話であれば、結論もなく話しっぱなしということもありますが、クライエントとのコミュニケーションではクライエントの**ニーズを明らかにし、支援につなげる**という目的があります。何に困っているのか、どうしていきたいのかということを理解するためには、クライエントから聴いた話を要約し、それをクライエントに伝え返します。

　クライエントの話を聴き、支援者が重要だと思うことを取捨選択して伝え返すことも要約です。

要約の仕方による変化

　支援者が**何を要点と考えるか**によって要約の仕方が変化します。例えばクライエントが「福祉サービスを利用したいが、まだ早い気もする」といった相談をしてきたとします。

　このとき、「福祉サービスを利用したい」という理由を要約し伝え返せば、クライエントはサービスを利用したい気持ちについて振り返ることになります。反対に「まだ早い気もする」という理由を要約して伝え返すと、クライエントは利用したくない気持ちについて振り返ることになります。さらに、サービスを利用したい理由と利用したくない理由をバランスよく要約すれば、クライエントにとっては両方の気持ちについて検討するきっかけとなります。

　支援者はクライエントの支援を進めるうえで重要なポイントを見極め、要約の仕方を考える必要があります。

支援の目的をふまえた要約　図

要約の仕方によるクライエントの変化

サービスを利用したいけど、
まだ早い気もする……

サービスを
利用したい理由を
要約

サービスの利用は
まだ早い気がする
理由を要約

○○に困っているから、
サービスを利用したいと
思っているのですね

○○といった状況だから、
サービスの利用はまだ
早いと思っているのですね

確かに、○○に
困っているんだよなぁ……
サービスを利用してみようかな

そうそう、
○○な状況だから、
サービスの利用はやっぱり
まだ早いかもなぁ

02

焦点化

話題を絞り込む

　クライエントとのコミュニケーションが進むにつれて、クライエントは主訴以外にも
いろいろなことを話し出すかもしれません。例えば、子どもの勉強について相談に来た
母親が、夫の仕事のことや姑との関係、自分の体調のことなどを話してくることがあり
ます。

　そのように話が広がってくると、どのような話題を扱っていけばよいのかわからなく
なってしまいます。そういった混乱を防ぐためにも、**焦点化**を行う必要があります。焦
点化とはクライエントの広がった話のテーマを絞っていくことです。話がひと段落した
ときに「ここまでの話を少し整理させてください」とか「伺ったことを間違って理解し
ていないか確認させてくださいね」などと声をかけ、焦点化に入ります。

どの話題を優先するか決める

　焦点化に入ると、「ここまでの話は、○○と、▲▲と、それから□□でしたよね」と
それまでの話を要約します。先程の母親の例でいえば、「お子さんの勉強の話と、ご主
人の仕事、お義母さんとの関係、ご自身の体調の話がありました」というような感じで
す。その後で「何かつけ加えることはありますか？」と尋ねます。この時点でクライエ
ントから新たな情報が出てくればそれも傾聴します。

　クライエントから新しい情報が出てこなければ、次は話題の**優先順位**を確認していき
ましょう。「それで、○○さんは、今日はどの話から取り上げていきたいですか？」と
相手に尋ね、どの話題から話し合うか一緒に決めていきます。

第
1
章
対人援助職に求められる
7つのコミュニケーション力

第
2
章
ケース別で磨く
誤解のないコミュニケーション

第
3
章
コミュニケーション力を活かした
相談面接

焦点化の流れ

1　クライエントの話を傾聴する

職場の悩みだけでなく、家庭でも子どもの発達が心配で……
妻もいろいろと疲れているし、母親も骨折して入院中で、
退院後はどうすればよいのか……

2　話を整理する

ここまでの話を少し整理させてください。職場での働きにくさ、
お子さんの発達への不安、奥様の精神面での不安、
お母様の退院後の生活への心配について話がありました

3　ほかに話題がないか確認する

何かつけ加えることはありますか？

4　（新しい情報がない場合）優先順位を決める

それでは、今日はどの話から取り上げていきたいですか？

そうですね………やっぱり一番は職場の悩みですね

03

自己理解を助ける

考えや気持ちを整理し、問題の分析に役立てる

　要約はクライエントが**自分の考えや気持ちを整理し、問題を分析する**手助けになります。すなわち、クライエントの**言動を映し出す鏡**のような役割です。私たちは外出するとき、鏡を見て髪型や服装を確認しますが、同じように要約によってクライエントが自分の気持ちや考えを振り返ることで、気持ちの整理や問題の分析をすることができます。

　また、別の視点から物事を見るきっかけとなり、自分の抱える問題に対して**新たな解決の方法**を導き出すことができることもあります。クライエント自身が「これからどうしていきたいのか」を考えるきっかけにもなります。

　要約するときは、簡潔さを心がけるようにしてください。相手の話したことを、簡潔にまとめ、わかりやすい言葉で伝え返すことが大切です。

行動につなげていく

　要約によって考えや気持ちを整理し、「これからどうしていきたいのか」ということを支援者とともに考えてきたクライエントにとって、次の課題は考えを行動に移すことです。頭のなかで考えていることと、実際に行動するのとでは異なる難しさがあります。「こうしていきたい」という強い思いがあっても、実際に行動してみると思いどおりにいかないこともあります。実践の段階でも、支援者はこれまでと同じようにクライエントに寄り添い、ともに試行錯誤を繰り返しながら目標に向かって進んでいくことが大切です。

要約を簡潔に行うためのフレーズ例

・○○さんがおっしゃっているのは、△△ということですよね

・ここまでの話をまとめると、○○ということで間違いないでしょうか

・○○と□□がポイントと考えてよろしいでしょうか

・つまり、○○に一番頭を悩ませているということですね

・なるほど、それでは○○だとお考えなのですね

確かに、それで
悩んでいたんだ！

ケース別で磨く
誤解のない
コミュニケーション

クライエント・家族とのコミュニケーション

第 1 節

01 支援に消極的なクライエント・家族

> ケース01 | 8050世帯の精神疾患のある息子とのコミュニケーション

事例の概要

　　身辺の介護が必要な巣坂さん（82歳、女性）は、精神疾患のある息子のノボルさん（51歳）に頼りながら生活しています。しかし最近、巣坂さんは担当のケアマネジャーに「お願いしたことを息子がやってくれないし、仕事にも行っていないようだ」と話すようになりました。部屋のなかも以前とは違って散らかっています。

　　担当ケアマネジャーは確認のため、ノボルさんに話を聴いてみることにしました。

ケアマネジャーとノボルさんの会話① NG例

ケア
マネジャー

巣坂さんから聞きましたよ。最近、仕事を休んでいるんですか？

調子がよくないんですよ
ノボルさん

ケア
マネジャー

巣坂さんのお世話もあまりできていないと聞きました

やろうとは思っているんですけど……
ノボルさん

ケア
マネジャー

どうしてできないのでしょうか？

……
ノボルさん

注意するコト

● 状況を確認するために質問は必要ですが、質問の仕方によっては質問されたほうが戸惑ってしまうことがあります。

● 例えば、「なぜできないのですか?」という質問は、できないことを責められているように感じてしまうこともあります。ケアマネジャーは「どうしてできないのでしょうか?」と尋ねています。ケアマネジャーとしてはできない理由を知りたいだけなのでしょうが、ノボルさんからすれば「しっかりしなさい」とか「これくらいのことができないのか」と言われたように感じてしまったのかもしれません。そうだとすれば、ノボルさんと信頼関係を築き、支援に結びつけていくことが難しくなります。

● 連続した質問も、相手にとっては「問い詰められている」というような気持ちになってしまうことがあるので注意が必要です。

意識するコト

ノボルさんの気持ちを理解するためには、質問に加えて相手の話を聞き返していくことが必要になってきます。聞き返しとは、話し手が語ったことをそのまま、あるいは意味を加えて伝え返すスキルです(p.12参照)。話し手は自分の話したことを自分以外の人の声で聞くことになるので、改めて自分自身の考えや感情を確認することができます。

またクライエントに対して受容的に接するためには、クライエントを「できない人」とみるのではなく、「一生懸命やろうとしている人」というように理解することが大切です。最近体調が思わしくなく、巣坂さんのお世話ができないことを1番気にしているのはノボルさん自身かもしれません。

そのようなノボルさんの気持ちを引き出していくためには、本人を問い詰めたり強い説得を行ったりするのではなく、尊厳ある1人の人として接していくことが大切です。

ケアマネジャーとノボルさんの会話② OK例

ケア
マネジャー
巣坂さんから聞きましたよ。最近調子がよくないんですか？

そうなんですよ。調子がよくないんです

ノボルさん

ケア
マネジャー
それで家のことが回らなくなってきた

やろうとは思っているんですけど…

ノボルさん

ケア
マネジャー
お手伝いしてくれる人がいればいいかなと

そうですね。自分1人じゃ大変なんで

ノボルさん

ケア
マネジャー
よくこれまで1人でやってこられましたよね

はい。少し疲れてしまいました

ノボルさん

ケア
マネジャー
そうですよね。もしよろしければ、
福祉サービスを利用できるか一緒に考えてみましょうか

はい。よろしくお願いします

ノボルさん

第
1
章
対人援助職に求められる
7つのコミュニケーション力

第
2
章
ケース別で磨く
誤解のないコミュニケーション

第
3
章
コミュニケーション力を活かした
相談援助

コミュニケーションのポイント

● **単純な聞き返し**

聞き返しには2種類あります。単純な聞き返しと複雑な聞き返しです。単純な聞き返しは、**話し手の言ったことをそのまま繰り返すこと**です。あるいは少し言葉を変えて伝え返すことです（p.12参照）。ノボルさんが「調子がよくないんです」と話したら「よくない」とか「調子があまりよくないんですね」というように応答します。

● **複雑な聞き返し**

複雑な聞き返しとは、**話し手がまだ話していないけれど、質問したら答えてくれると思われることを予想して伝え返すこと**です（p.12参照）。少し難しいかもしれませんが、日常生活ではよくみられます。例えば、買い物をしていて、友人が「疲れたな」と言えば、「少し休んでいこう」と友人の気持ちを推測して伝え返します。もちろん「少し休んでいく？」と質問してもいいのですが、質問は相手に確認するというニュアンスも含まれているので、「そんなに疲れていないし……休まなくてもいいかな」という気持ちが出てくることもあります。質問と聞き返しのどちらを使うかは話の流れにもよりますが、**クライエントが自分の気持ちを深く掘り下げられるように傾聴するときは、聞き返しを使います。**

● **目的を意識して、「聞き返し」を使う**

ケアマネジャーの目的は、ノボルさんとの信頼関係を深めながら、状況を確認し、必要な支援につなげることです。そのためには質問だけでなく聞き返しを使いながら、ノボルさん自身に状況を理解してもらいたいと思っています。ですから「やろうとは思っている」というノボルさんの発言に対して質問ではなく「お手伝いしてくれる人がいればいいかなと」と聞き返しています。その結果、「1人では大変」であるという発言を引き出すことができました。

POINT ・質問は、相手にどう受け取られるかを考えて行う
　　　　・話の内容を深めていくときには、質問に加えて聞き返しを意識する

01 支援に消極的なクライエント・家族

虐待の疑いのある母親とのコミュニケーション

事例の概要

　　小学2年生のカケル君の担任は、最近カケル君の服が汚れていることが気になっています。忘れ物も多く、手や足に傷があるので本人に確認すると「転んだ」「妹とケンカした」というあいまいな答えが返ってきます。給食をよくおかわりしているので、「朝ごはんは食べているの？」と尋ねると、「食べていない」と話す日が少なくありません。

　　担任は母親の泉崎さん（34歳、女性）に電話をし、家庭での様子を確認してみることにしました。

担任と泉崎さんの会話① NG例

担任

お忙しいところすみません。カケル君のことですが、お話しても大丈夫ですか？

はい。でもあまり時間はありません

泉崎さん

担任

そうですか。でも今朝、手に怪我をしていたようなので。お宅での様子はどうですか？

特に変わったところはないと思いますが

泉崎さん

担任

忘れ物も多くなっていたようなので

すみません、私も忙しくて。ほかに何かありますか？

泉崎さん

第
1
章
対人援助職に求められる
7つのコミュニケーション力

第
2
章
ケース別で磨く
誤解のない
コミュニケーション

第
3
章
コミュニケーション力を活かした
相談面接

注意するコト

- 担任は「手に怪我をしていた」というカケル君の様子を伝えた後、自宅での様子を尋ねています。担任としてはこれが1番知りたいことですが、質問をされた母親の気持ちは少し違います。家での様子をいきなり質問されて、警戒心が生まれているようです。

- コミュニケーションではクライエントと信頼関係を形成することが必要です。信頼関係がないと、「一緒に問題を解決していこう」という同盟関係を結ぶことができません。

- 同盟関係を結ぶために、コミュニケーションでは相手との関係に不協和（信頼関係のない状態）が起こっていないか気をつける必要があります（p.44参照）。不協和に気がついたら、質問を続けるのではなく、相手との関係を修復していく必要があります。

意識するコト

相手との間に起こる不協和を防ぐためには、「わかってもらえていない」とか「拒否された」というような気持ちを相手に抱かれることのないように注意します。そのためには、相手の話を否定しないで傾聴する、これまで相手がやってきたことをねぎらい是認する、という姿勢が大切になります。

是認とはクライエントの強みに言及していくことです（p.16参照）。例えば、「いろいろと試してきたのですが、どれもうまくいきませんでした」と話すクライエントの強みは、「問題解決に向けて努力を続けた」ということです。周囲のアドバイスを聞かないクライエントの強みは、「1人で決めていきたいという考えをもっている」ということです。

このような強みは、クライエント自身が気づいていないこともあります。特に問題解決に苦慮しているクライエントの場合、物事を否定的にとらえてしまうこともあります。そのようなクライエントをエンパワメントしていくためにも是認が必要になってきます。

担任と泉崎さんの会話② OK例

担任

お忙しいところすみません。カケル君のことですが、お話しても大丈夫ですか？

はい。でもあまり時間はありません

泉崎さん

担任

お忙しいところ、時間を割いていただき、ありがとうございます

また、学校で何かありました？

泉崎さん

泉崎さん

そうですね、少し心配なことがありまして。今日は朝から調子が出ないようだったので、お家で何かあったのかなと

特に、うちでは

担任

そうですか。それは安心しました。お母さんのほうで最近何か気になっていることがあれば教えていただきたいのですが

学校で友達と仲良くしているのかは心配しています

泉崎さん

担任

学校で楽しく過ごしているかご心配されているのですね。それではもしよろしければ、今度時間のあるときに学校での様子をお伝えしましょうか。私もカケル君のお家での様子を教えていただきたいですし

よろしくお願いします

泉崎さん

66

コミュニケーションのポイント

●不協和を解消する

クライエントとの不協和は、コミュニケーションのなかで起こることもあれば、コミュニケーションを始める前からすでに起こっている場合もあります。コミュニケーションのなかで生じた不協和については、その場で解決を目指します。具体的には、クライエントの話をよく聴き、**何が相手を不快にさせたのかを理解**します。そのうえで、こちらの発言が原因になっていれば謝罪し、誤解があれば丁寧に説明していきます。

コミュニケーションを始める前から起こっている不協和については、支援者という存在に対して（あなた個人にではなく）不信感を抱いていることもあるので、話をよく聴き、誤解を解消していきます。

●受容し、ねぎらう

担任は「時間がない」と話す泉崎さんの発言を受容しています。忙しいなかでも電話に出てくれた**泉崎さんの行動をねぎらう**ことで、不協和を減らし、話を先に進めようとしているのです。

●ニーズを引き出す

さらに担任は「学校で何かありました？」という泉崎さんの質問に対しては、「今日は朝から調子が出ないようだったので」と控えめに伝え、カケル君の自宅での様子を尋ねています。そして家では変わったことがないという泉崎さんの言葉を受容し、「学校で友達と仲良くしているのか」という心配を引き出しています。担任は「学校でうまくやっているか」という話をするために泉崎さんに連絡をとったわけではありませんが、不協和を解消するためには、泉崎さんの**希望にそった情報提供をする**ことも大切です。そのうえで「カケル君のお家での様子を教えていただきたい」ということを伝え、泉崎さんから同意を得ています。

POINT
- こちらの要求を伝える前に相手の話を傾聴する
- 不協和の解消には、傾聴とねぎらいが大切

01 支援に消極的なクライエント・家族

近隣トラブルのあるクライエントとのコミュニケーション

事例の概要

　片岡さん（67歳、女性）は軽度の認知症ですが、アパートで1人暮らしをしています。近所付き合いは限られています。部屋はゴミが散乱していて、足の踏み場がない状態。社会福祉士には、近隣住民のことを「あいつらは泥棒だ」「外からゴミを投げ込んでくる」と話しています。一方、近隣住民からは片岡さんに対して、回収日でない日にゴミを捨てている、突然怒鳴り込んでくるといった苦情が出ています。

　社会福祉士は片岡さんに話を聴いてみました。

社会福祉士と片岡さんの会話① NG例

社会福祉士

最近の調子はどうですか？

よくないね
片岡さん

社会福祉士

そうですか。お掃除なんかできていますか？
だいぶモノがあるようですが

あいつらがね、捨てていくんだよ
片岡さん

社会福祉士

あいつらって、誰ですか？

隣の家の人だよ
片岡さん

社会福祉士

そんなことはありませんよ。少し調子がよくないようですね。
とりあえず、病院に行って診てもらいましょうか

病院は行かないよ
片岡さん

注意するコト

● 社会福祉士は片岡さんの部屋の状態が気になっています。そのため「調子がよくない」と言う片岡さんの話を傾聴せず、「掃除はできていますか」「だいぶモノがあるようですが」と部屋が散らかっていることを指摘しています。

● さらに「隣の人がゴミを捨てていく」と言う発言に対し（事実ではないかもしれませんが）否定をし、病院への受診を勧めています。精神疾患などによる幻覚や妄想への対応には専門性が必要となりますが、受容せずただ話を否定してしまうとクライエントとの信頼関係を深めることができません。

● 片岡さん自身、調子が悪いことを自覚していて「病院へ行こうか、どうしようか」と両価性を抱えている（相反する気持ちを同時にもっている）かもしれません。両価性を抱えているクライエントに一方的な説得を行うと、説得したい方向とは逆の方向へ進んでしまう可能性があります。

意識するコト

クライエントが事実と違うことを話したり、間違っていることをしているとき、支援者は即座にそれを指摘したり修正したりしようという気持ちが起こります。これを、間違い指摘反射といいます。間違い指摘反射をコントロールせずに話を進めると、クライエントは「話を聴いてもらえない」「否定された」と感じてしまいます。

片岡さんは部屋が散らかっていることに対して「あいつらがね、捨てていくんだよ」と説明しています。社会福祉士からすると否定したくなりますが、それをコントロールし受容的にかかわっていく必要があります。

受診の話をするときは、EPE（引き出す―提供する―引き出す）を使います。具体的にはアドバイスを行う前に相手に許可を得る、許可が得られたら情報提供を行う、情報提供の後に相手の気持ちや考えを確かめる、という順番で行います（p.30参照）。

社会福祉士と片岡さんの会話② **OK例**

社会福祉士

最近の調子はどうですか？

調子は、よくないね
片岡さん

社会福祉士

調子はあまりよくない。それでは掃除や家のことをやるのも大変ですよね

そうだね。大変だよ
片岡さん

社会福祉士

これまで1人でやってこられたんですよね。
今大変なことはなんですか？

掃除だね。あいつらがゴミを捨てていくからね
片岡さん

社会福祉士

だから片づけるのが大変なんですね。
誰か手伝ってくれる人がいればいいかな

そうだね。1人じゃ大変だからね
片岡さん

社会福祉士

わかりました。お手伝いできるか少し調べてみますね。
それともう1つお話したいことがあるのですが、いいですか？

いいですよ
片岡さん

社会福祉士

お身体のことです。もしよろしければ病院に行くことも
考えてほしいのですが、いかがでしょうか

コミュニケーションのポイント

● 聞き返しで是認する

社会福祉士は、「調子は、よくない」という片岡さんの話を受けて、**ここまで1人で頑張ってきたという是認**と、**複雑な聞き返し**を行っています。複雑な聞き返しとは、今回の事例でいえば、「よくないね」と語る片岡さんに、「どのようによくないのですか？」と尋ねたら返ってくるだろうと思われることを推測して、それを伝えることです。具体的には「掃除や家のことをやるのも大変」と聞き返しました。このような聞き返しを行うことで、片岡さんから「そうだね。大変だよ」と同意を得ています。もしここで、「どうして大変なんですか」というように調子がよくないことに対して原因探しをすると、片岡さんの心理的抵抗が強くなってしまうかもしれません。

また、近隣の人が「ゴミを捨てていく」という話に対しては、間違い指摘反射に注意しながら、本人の話を否定せず、かといって肯定もせず、「片づけることが大変」という複雑な聞き返しを行っています。

● EPE を使って提案する

近隣住民とのトラブルに関しては、カウンセリング的な対応に加えて環境調整も必要ですが、本人の様子からは受診も必要かもしれません。しかし、突然受診を勧めても拒否されてしまう可能性があります。そこで EPE を使い「もう1つお話したいことがあるのですが、いいですか」と相手に許可を求めたうえで、受診の話を持ち出しています。そのうえで「いかがでしょうか」と相手の考えを確認しています。

POINT
- ・傾聴していることを伝えるためには聞き返しを利用する
- ・間違い指摘反射に注意する
- ・情報提供はEPEを使う

02 依存的なクライエント・家族

サービス利用時間外にも連絡が絶えない高齢者とのコミュニケーション

事例の概要

黒井さん（72歳、女性）は3年前に夫を亡くしてから1人暮らし。膝や腰の痛みのため通院中で、地域包括支援センター（以下、センター）主催の介護予防教室に定期的に参加しています。本人は要介護状態になることを心配し、身体の状態が少しでも悪いとセンターに連絡します。

電話では、身体やお金の心配、1人暮らしの寂しさなどを話し、センター職員はその都度対応しています。最近では、勤務時間外にも連絡があり、同法人の特別養護老人ホームで夜勤中の職員が転送された電話に対応することもあります。

特別養護老人ホーム職員と黒井さんの会話① NG例

黒井さん

もしもし、磯さん（地域包括支援センター社会福祉士の名前）ですか？

職員

磯さんはもう帰宅しましたよ。20時を過ぎているので、地域包括支援センターの職員はみんな帰ったと思います

黒井さん

そうですか……、少し心配になってしまって

職員

明日また連絡してみてはどうですか

黒井さん

そうですよね。でも身体の調子が悪くて。熱もあるみたいなんですよ

職員

そうなんですか。病院ももうやっていないし、明日にならないと

黒井さん

そうですよね、でも……

注意するコト

● 身体の調子が気になって連絡をしてきた黒井さんに対して、特別養護老人ホームの職員はセンターの相談時間が終わったこと、明日連絡してほしいことを伝えています。一方、黒井さんは話したいことがあるらしく、自分から電話を切ろうとしません。

● 夜勤中の忙しい時間帯に黒井さんの話を丁寧に聴くことは難しいかもしれませんが、「話を聴いてもらっていない」と感じている黒井さんは、なんとか理解してもらいたいという気持ちが強くなり、ますます話を続けようとしています。

● そんな黒井さんに職員は「今はどうしようもない」ということを伝えようとしています。しかし、このような対応はますます黒井さんを不安にさせてしまいます。忙しいなかでも話を傾聴し、何に困っているのかを理解したうえで、どうしていくかを一緒に考えていく姿勢が必要です。

意識するコト

傾聴は時間がないとできないと考える人もいますが、わずかな時間でも可能です。限られた時間のなかでクライエントの話を傾聴し、クライエントが何に困っているのかを理解することが大切です。

黒井さんはセンター職員に伝えたいことがありました。センターの相談時間は終わっているので、相談を受けることは難しいかもしれませんが、黒井さんの話を傾聴したうえで、特別養護老人ホームの職員がセンター職員に電話があったことを伝える提案をすることはできます。あるいは、本人がそれを拒むようであれば、改めて「明日電話するように」と提案することもできます。話を聴かずにアドバイスする場合と、話を聴いた後でアドバイスする場合とでは、クライエントの気持ちは変わってきます。

またアドバイスは本人の許可を得てから行い、アドバイスを行った後はクライエントの気持ちを確認することも大切です。

特別養護老人ホーム職員と黒井さんの会話② OK例

黒井さん

もしもし、磯さん（地域包括支援センター社会福祉士の名前）ですか？

職員

磯さんはもう帰宅しましたよ。どうなさいましたか？

黒井さん

そうですか……、少し心配になってしまって

職員

心配なことがあるんですね

黒井さん

ええ。身体の調子が悪くて。熱っぽい感じなんですよ

職員

それは心配ですね。お身体の調子は急に悪くなったのでしょうか？

急にというか、この頃はいつもよくないんですよ。
この前も磯さんに話を聴いてもらって

職員

最近はいつも調子が悪いのですか。
それで磯さんに連絡をされたんですね

黒井さん

少し話を聴いてもらおうと思って

職員

よろしければ、明日磯さんが出勤してきたら、
電話があったことをお伝えしましょうか？

黒井さん

よろしくお願いします

職員

ほかに何かありますか？

黒井さん

大丈夫です。よろしくお願いします

コミュニケーションのポイント

●傾聴し、相手のニーズを確認する

特別養護老人ホームの職員は、夜勤中の忙しいなかでも黒井さんの話を傾聴しています。センターの職員はすでに帰宅してしまったことを伝え、それから開かれた質問をしています。忙しい時間帯の電話対応は本当に大変です。思わず「明日連絡してください」と言いたくなりますが、話を聴かずにこちらの話したいことだけを伝えようとすれば、クライエントもますます自分の考えを主張するようになり、お互い折り合える余地がなくなってしまいます。相手の話を傾聴すれば、相手も気持ちを落ち着かせ、話を聴いてくれるようになります。

●閉じた質問を効果的に使う

電話対応した職員は黒井さんの話に対して、**閉じた質問と聞き返し**を使っています。閉じた質問とは「はい」「いいえ」で答えられる質問や、「出身地はどこですか」のように答えが限定されている質問のことです（p.20参照）。**事実関係を確認する**ときにも使います。身体の調子が悪いという黒井さんに対して職員は「お身体の調子は急に悪くなったのでしょうか？」と確認をしています。コミュニケーションのなかで、リスクや優先度を判断することも必要です。緊急性の有無を確認した結果、「いつもよくない」という返答があり、黒井さんは近頃ずっと体調が悪いことを心配してセンターに連絡してきたことが理解できました。そのことを理解したという意味を込めて職員は聞き返しを行い、そのうえでセンター職員に電話があったことを伝えるという提案を行っています。話を聴いてもらった黒井さんは、少しずつ落ち着きを取り戻すことができました。

POINT	・時間のないときでも傾聴を心がける ・閉じた質問は事実関係を確認するときに使うことができる

02 依存的なクライエント・家族

お迎え時にいつまでも相談を続ける母親とのコミュニケーション

事例の概要

　西野さん（42歳、女性）の息子の陽翔君（7歳）は注意欠如・多動症（ADHD）と診断されています。学校では先生方の理解と支援により楽しく登校しています。

　学校での出来事は担任が母親の西野さんに連絡していますが、連絡するたびに西野さんから、自宅で部屋を片づけずにゲームをやり続けているというような相談があります。

　登下校の送迎時も、西野さんは担任の姿を見かけると相談を始め、いつまで経っても帰ろうとしません。

担任と西野さんの会話① NG例

西野さん

先生こんにちは。陽翔ですけど、今日はどうでした？
何かありましたか？

特にありませんでしたよ。元気に過ごしていました
担任

西野さん

元気すぎるんですよ。家でも私の言うことをちっとも聞かなくて。
昨日もゲームばかりして、宿題を忘れているんですよ

そうですか
担任

西野さん

そうなんですよ。主人にも注意するようにお願いしているんですけど、
何も言ってくれなくて困っているんです

それは困りましたね
担任

西野さん

私が言っても聞かないし、ゲームを取り上げれば怒るし、
とにかく言うことを聞かないんです。
先生、どうしたらいいでしょうか？（話は続く）

注意するコト

- 西野さんには話したいことがたくさんありそうです。一方、担任は下校指導が終わればすぐに自分の仕事に戻りたいと考えているので、西野さんに声をかけられても受動的になっています。担任は西野さんの問い合わせに「元気に過ごしていました」と応じています。おそらくここで会話を終わらせたかったのでしょう。

- しかし、西野さんには聴いてもらいたいことがあるので、担任を離すことはありません。陽翔君の様子を知りたいということに加えて、西野さん自身の陽翔君への接し方や夫があまり協力的ではないことなど、相談は多岐にわたっています。

- このような「相談したいことがたくさんある」人に対して、時間がないからといってあいづちやうなずきばかりを行っていては、かえって逆効果なこともあります。

意識するコト

繰り返しになりますが、時間がないときこそ丁寧に話を聴くという気持ちが大切です。傾聴はクライエントとの信頼関係を構築するための第一歩です。例えば「今日は5分くらいしか時間がない」ということを伝えるときでも、信頼関係がある場合とない場合とではクライエントの受け取り方が違ってきます。

クライエントは「理解してもらっている」と感じると、気持ちが落ち着きます。そのため、相手の話を理解し、聞き返しによって「理解している」ということを伝えたうえで、こちらの伝えたいことや提案したいことを丁寧に伝えるようにします。

担任と西野さんの会話② OK例

西野さん

先生こんにちは。陽翔ですけど、今日はどうでした？
何かありましたか？

担任

特にありませんでしたよ。元気に過ごしていました。
お母さんのほうでは何か心配なことがありますか？

西野さん

何かあるというわけではないんですが、いろいろと心配で。
家でも私の言うことをちっとも聞かなくて。
昨日もゲームばかりして、宿題もやっていないし

担任

そうですか。家でももう少しいい子でいてくれたらいいかな

西野さん

主人にもお願いしているんですよ。陽翔に言ってくれって。
でも、手伝ってくれないんです

担任

ご主人がもう少し手伝ってくれたらいいですよね

西野さん

そうなんですよ。私ばっかりがイライラして

担任

お母さんも少しはゆっくりしたいですよね

西野さん

はい。できれば……

担任

それで西野さん、
今日はこの後私も打ち合わせが入っているので、
時間をとれるのが5分くらいなんですよ。
短いけれど、今日はその時間のなかで
お話を聴かせてもらいますね

コミュニケーションのポイント

● 質問で心理的距離を近づける

担任は西野さんの「今日はどうでした？」という問い合わせに対して、「元気に過ごしていました」と答えた後に「お母さんのほうでは何か心配なことがありますか」と尋ねています。質問は情報収集をするときにも使いますが、「**あなたに関心をもっていますよ**」というメッセージにもなります。関心をもってもらえた、と感じると相手との心理的な距離が近くなります。

● コミュニケーション（面接）の枠組みを示す

しかし、依存的なクライエントの場合、支援者との距離が近くなりすぎることがあります。それを防ぐためには、**コミュニケーション（面接）の枠組みを示す**必要があります。具体的には面接時間や面接の目的をクライエントに示し、同意を得ることです。例えば、面接時間を30分とすることをクライエントと支援者が同意している場合、支援者は面接終了時刻が来たらそれを告げることができます。西野さんと話をしている担任も、話ができるのは5分ぐらいであるとコミュニケーションの枠組みを明確に伝えています。

● 相手の話を理解していることを伝え、気持ちに余裕をもたせる

担任は話ができる時間を告げる前に聞き返しを行い、西野さんの気持ちを理解しようとしています。具体的には「ご主人がもう少し手伝ってくれたらいいですよね」「お母さんも少しはゆっくりしたいですよね」などと受容し、共感しています。このようにすることで、一方的に話をしようとしていた西野さんの気持ちに余裕が生まれます。このタイミングで担任は話ができる時間を示しています。仮に西野さんの話が長くなってしまっても、時間がないことを再び告げやすくなります。

POINT ・質問は「関心をもっていますよ」というメッセージになる
　　　　・コミュニケーション（面接）の枠組みを示し、同意を得る

03 クレームの多いクライエント・家族

高齢者施設での面会ルールに文句を言う家族とのコミュニケーション

事例の概要

　板谷さん（56歳、男性）は、週末になると母親（80歳、認知症）が入所している特別養護老人ホームに面会に来ます。職員に対しては、「母親の食事が冷めている」「シーツを交換していない」といった苦情を言います。

　母親は、糖尿病のためカロリー制限が必要ですが、板谷さんは施設にケーキやお菓子などを持ち込み、母親に食べさせているようです。最近では面会時間に関しても文句を言ってくるようになりました。

職員と板谷さんの会話① NG例

板谷さん

あの、すいません。面会時間のことですけど、いいですか

面会時間のことですね、どうしましたか

職員

板谷さん

平日は仕事が忙しくて17時までに面会に来られないんですよ。
17時過ぎに来ても大丈夫ですよね

すいません。平日の面会時間は17時までと決まっているので

職員

板谷さん

そうですけど。でもどうして17時までなんですか。家族だから、
少しくらい遅れてもいいじゃないですか。
それから、どうして母にお菓子を食べさせちゃダメなんですか？
たまの面会だし、施設の食事だけでは母がかわいそうでしょ

規則ですので。それにお母様には糖尿病もありますし

職員

板谷さん

いいじゃないですか。たまにしか来られないんだから

注意するコト

- 母親が心配な板谷さんですが、施設のルールを守ろうというよりも自分の考えで行動しているようにみえます。そのような板谷さんに対して、特別養護老人ホームの職員は施設のルールを説明しようとしています。
- 板谷さんのように自分の考えを一方的に話す人は、自分の考えが正しいと思っています。そこに、本当の「正しいルール」を伝えても相手の心には届きません。そのため、なぜ相手がそのような考え方になったのか、その経緯や背景を探ることが支援者には求められます。

意識するコト

平日の面会時間は17時までですが、板谷さんはそのルールを変えてほしいと話しています。このようなときに間違い指摘反射によって即座に「できない」と一方的に伝えてしまうと、不協和が大きくなります。まずはどうしてルールを変えたいのかを相手に確認していく必要があります。

また、面会時間の話から飛躍してお菓子の話題が出ています。なぜ、このタイミングでお菓子の持ち込み禁止への不満を口にしたのか、そこにヒントが隠されていないかなど想像しながら情報を引き出していきます。

職員と板谷さんの会話② OK例

板谷さん

あの、すいません。面会時間のことですけど、いいですか

面会時間のことですね、どうしましたか

職員

板谷さん

平日は仕事が忙しくて17時までに面会に来られないんですよ。
17時過ぎに来ても大丈夫ですよね

忙しい平日にも面会にお越しになりたい。
お母様のことで何か心配でもありますか？

職員

板谷さん

最近、食欲がなくなったようで。私が食べさせてもあまり食べないし

それでもう少し面会を増やしていきたいと
考えていらっしゃるのですね

職員

板谷さん

ええ。少し心配になって

心配ですよね。食事量に関して少し調べてみますね。
（記録を見る）確かに少ししか食べられていない日もありますが、
1週間全体で見てみるとちゃんと摂れていますよ

職員

板谷さん

そうですか。少しホッとしました。
私が来ていない日には食べているんですね

お母様に変化があればご連絡いたしますね

職員

板谷さん

お願いします

コミュニケーションのポイント

●本心を引き出す

板谷さんは職員に「平日の面会時間」の件で相談しています。けれどもそれは、面会時間を変えてほしいという主張ではなく、本心は「食欲がなくなってきた母親のことが心配だ」ということでした。このことは職員の「忙しい平日にも面会にお越しになりたい。お母様のことで何か心配でもありますか？」という聞き返しと質問によって明らかになっています。もしここで「面会時間は17時まで」というルールの話を行っていたら、板谷さんとの間には不協和が生じ、面接のやり取りも「ルールを変える／変えられない」の堂々巡りになっていたでしょう。

●誤解を解消する情報を提供する

板谷さんが心配しているのは、「私が食べさせてもあまり食べない」という面会時の様子からです。そこで職員は、板谷さんの様子を見ながら**食事量に関する情報を提供**し、板谷さんの**誤解を解消**していきます。もしこの段階で不協和が大きければ職員の説明はかえって板谷さんの怒りを買う可能性もあるので注意が必要です。

●ともに問題解決に努める姿勢を見せる

今回の会話では板谷さんの**本心を理解**し、適切な情報提供をすることで、面会時間や食事以外のお菓子に関するやり取りはなくなりましたが、相手がこのような要望を主張してきたときは、即答を避け「上司に相談してみますね」などと話してみるのも1つの方法です。大切なことは、**クライエントと一緒に問題を解決していく**、という姿勢です。難しい問題であっても、支援者の一方的なアドバイスによって解決するのではなく、クライエントの思いや考えを確かめながら問題解決に取り組んでいきます。

POINT	・クライエントの言動の背景にある本心を理解する ・クライエントと一緒に問題を解決していく

03 クレームの多いクライエント・家族

障がい者グループホームで息子への特別対応を求める家族とのコミュニケーション

事例の概要

　津野さん（57歳、女性）にはグループホームに入所している知的障害のある息子（23歳）がいます。息子の自立を願い、1人で生きていくための力をつけられるようにとグループホームへの入所を決めました。しかし、面会に来るたびに自立に向けて頑張る息子を目にすると、いろいろな心配が浮かんできます。「息子のことはグループホームに任せるしかない」と頭では理解していても、息子への職員の対応に要望を出してしまいます。

職員と津野さんの会話① NG例

津野さん

今息子と一緒に部屋にいたんですが、隣の部屋から音がするんですよ

職員

隣の部屋から音がしたんですね。
〇〇さん（隣の部屋の人）には気をつけるように話しているのですが

津野さん

息子もうるさいって言っているので、部屋を替えてもらえませんか

職員

部屋を替えるのは……ちょっと難しいかもしれません

津野さん

隣の部屋の人を替えるほうが難しいでしょ

職員

はい

津野さん

だからお願いしているんです。あの部屋は日当たりもよくないし、職員さんの部屋から遠いのでいざというときに心配です。息子は1人でできないこともあるので、職員さんに近くにいてほしいです

職員

空いている部屋はありませんし、私たちも注意していますので……

注意するコト

- 職員は津野さんの話を傾聴しようとしていますが、津野さんには職員の意図が伝わっていません。一方、津野さんは自分の話を職員が理解していないと感じているようです。
- 傾聴は、相手の話を否定せずに聴くということに加えて、傾聴しているということを相手に伝えることが大切です。傾聴していることを相手に伝える前に、こちら側の考えを伝えてしまうと、「話を（正しく）聴いてもらえていない」と思われてしまう可能性があります。
- 例えば、部屋を替えてほしいという津野さんの要望に対して職員は、「空いている部屋はありませんし」と答えています。このこと自体は事実であっても、「話を聴いてもらえていない」と感じている人にとっては伝わりにくいのです。

意識するコト

クライエントに対して「傾聴している」ということを伝えるためには、適切なうなずきやあいづち、あるいは聞き返しを行っていきます。これらの応答はクライエントの話に対して「一生懸命聴いていますよ」とか「理解していますよ」というメッセージになります。

聞き返しを行った後の相手の表情や口調にも注目します。正しく聞き返しを行えていれば、相手もうなずいたり、アイコンタクトをしたりしてくれるかもしれません。一方、誤った聞き返しを行えば、相手は首をかしげたり、語気を強めたりするかもしれません。津野さんは「話を聴いてもらえない」と感じたからか、いろいろな不安を口にしています。

職員と津野さんの会話② OK例

津野さん

今息子と一緒に部屋にいたんですが、隣の部屋から音がするんですよ

部屋から音がする。〇〇さん（隣の部屋の人）からですね。
それはご迷惑をおかけしました
職員

津野さん

息子もうるさいって言っているので、部屋を替えてもらえませんか

もう少し静かな部屋のほうが過ごしやすいですよね。
息子さんもそれを希望しているのですね
職員

津野さん

ええ。それにあの部屋は職員さんからも遠いので心配です

そうですね。職員の控え室からは少し遠いので、
何かあったら心配ですよね。よかったらお母様の
心配な点をもう少し詳しく教えていただけますか
職員

津野さん

今具体的にあるわけではないですけど……部屋のなかで何か困っても
すぐに職員さんが来てくれるかどうか……それに一番心配なのはあの
子が私たちがいなくても生活していけるかどうかです

もし部屋のなかで何かあったら職員が駆けつけて
くれるかどうか……その一方で将来的には息子さ
んが自立できるかどうか心配でもある
職員

津野さん

心配しすぎでしょうか

コミュニケーションのポイント

● クレームになるかは職員の対応次第

クライエントの訴えはクレームとは異なりますが、支援者の対応によってはクレームになってしまうことがあります。例えば、津野さんは「部屋を替えてほしい」と話していますが、津野さんの話を理解しようとせずに対応すれば不協和は大きくなり、訴えはクレームとなってしまう可能性があります。

部屋を替えれば問題がすべて解決すると考えているのか、ほかにも解決していきたい課題を抱えているのかということに関しては、もう少し津野さんの話を丁寧に聴いていく必要があります。

● 要望を理解していることを伝える

「部屋を替えてほしい」という要望については、「部屋を替える／替えない」という議論を避け、聞き返しによって対応しています。聞き返しや質問によって、クライエントの話すトーンが落ち着き、自分の気持ちを振り返るような話し方になったとしたなら、相手の気持ちに寄り添えている証拠です。ところが、相手の気持ちに寄り添うことなく「部屋は替えられない」と伝えていたら、たとえそれが事実であったとしても、津野さんは「話を聴いてもらえない」と感じていたかもしれません。

● 要望の裏にある気持ちを支援につなげる

傾聴を意識した対応は、「もし何か部屋で起こった場合、職員は対応してくれるのだろうか」という疑問や、「息子の自立が心配」という津野さんの気持ちを引き出すことができました。「部屋を替えてほしい」という要望を叶えることは難しくても、部屋でのリスクを防ぐ方法やより自立に向けてできることをともに考えることは大切な支援です。

POINT	・議論を避けるために聞き返しで応じる ・相手の話を理解していることを伝えると、人は自分の気持ちを話しやすくなる

03 クレームの多いクライエント・家族

特別支援学級への入級に懐疑的な保護者とのコミュニケーション

事例の概要

　宮田さん（33歳、女性）の娘（優希さん、小学2年生）は、小学校入学前、「集団生活になじめない」ということで、保育園から勧められ医療機関を受診。医師からは「結果はボーダーライン。もう少し様子をみましょう」と言われ、小学校の通常学級に通学していました。教室ではぼーっとしていることが多く、片づけもうまくできません。学校側は優希さんの状態を知るため、知能検査を実施。その結果、特別支援学級への入級を勧める方針となり、担任が宮田さんと面接を行いました。

担任と宮田さんの会話① NG例

担任

優希さんのことですが、1年間様子をみてきましたが、通常学級だと勉強面や生活面で苦戦しています。これからも勉強は難しくなるし、特別支援学級で個別にみてもらったほうがいいと思います

そうですか。でも、私としてはこのままみんなと一緒に勉強させてあげたいと思っています

宮田さん

担任

しかし、わからないことが多いと、学校へ来るのもつらくなりますよね

私も小学校のときは勉強ができるほうではなかったし、主人も問題ないだろうって言っています

宮田さん

担任

そうですか。しかし、学校としては優希さんには個別の支援が必要ではないかと考えています

私たちは必要ないと思うので、普通のクラスに入れてください

宮田さん

担任

知能検査の結果からも優希さんの学びにくさというものが理解できます

でも、大勢で過ごしたほうが、社会性だって身につきますよね

宮田さん

注意するコト

- 担任は専門的な立場から優希さんにとって「1番よい方法」、つまり特別支援学級への入級を勧めようとしています。ところが宮田さんは入級に対して納得していません。納得していないクライエントに対して一方的な説得を行うと、説得したい方向とは逆の考えをクライエントはもつようになります。
- 宮田さんもこのまま通常学級で学ばせたいという気持ち、また、1年生のときに仲良くなった友達と一緒に過ごしてもらいたいという気持ちが強くなっています。
- そういう宮田さんに対して、担任は知能検査の結果を伝え、客観的なデータから再び特別支援学級への入級を勧めようとしています。しかし、宮田さんは個別の支援よりも通常学級のほうが社会性が身につくのではないかと反論しています。

意識するコト

人は自分が「受け入れられている」と思えたときに他者の話を真摯に受け止め、「変わろう」という気持ちになります。ですから、学校側にとっては特別支援学級への入級が「ベスト」な方法であっても、まずは宮田さんの気持ちに耳を傾けていくことが大切です。耳を傾けたうえで宮田さんの価値観を理解し、それを尊重していくことがはじめの一歩となります。

また、情報提供を行うときにはEPE（p.30参照）を使います。今回の事例では、知能検査の結果を伝える場合、まず結果を伝えるということに関して宮田さんの了解をとり、了解が得られてから、知能検査の結果を伝え、その結果に対する宮田さんの気持ちを確認する、という流れになります。

担任と宮田さんの会話② OK例

担任

優希さんのことですが、1年間様子をみてきましたが、通常学級だと勉強面や生活面で苦戦しています。このままでいいか、お母さんと一緒に考えていきたいと思っています

よろしくお願いします

宮田さん

担任

お母さんとしては、この先優希さんにどのように過ごしてもらいたいと考えていらっしゃるのでしょうか

1年生のときと同じように、このまま楽しく過ごしてもらいたいと思っています

宮田さん

担任

学校ではお友達とも毎日楽しく遊んでいますよ。
学校では楽しく過ごしてほしいですよね

勉強は1番でなくてもいいと思っています。できるに越したことはありませんが……

宮田さん

担任

勉強に関しても少し気になることがあるのですね。それでは、先日の検査結果をお伝えしておきたいのですが、よろしいでしょうか？

お願いします

宮田さん

担任

（結果の説明をした後）この結果をどう思われますか？

こうしてみると授業についていくのも大変だったのですね

宮田さん

担任

優希さんの理解に合わせて進めていったほうが、結果的には学校でも楽しく過ごせるのではないでしょうか

一度主人と相談してみようと思います

宮田さん

コミュニケーションのポイント

● 心理的抵抗を減らす

担任は宮田さんに対して「お母さんと一緒に考えていきたい」と話しています。このような言葉かけは母親である宮田さんにとって心強く感じるはずです。さらに担任は「学校で楽しく過ごしてほしい」という宮田さんの思いを尊重しています。**思いを尊重していることを伝えることで宮田さんの心理的抵抗がなくなり、**担任の話に耳を傾けるようになるのです。

● 情報提供後も相手の気持ちを大切にする

両者の心理的な距離が近くなってきたのを見計らい、担任は知能検査の結果を伝えています。その際も EPE を忘れず、宮田さんの了解を得てから結果を伝えています。許可を得るということは**相手の自律性を尊重する**ことにつながります。さらに担任は検査結果に関する情報提供を行った後、宮田さんに感想を求めています。一方的な情報提供ではなく、提供した情報に対する意見を聴くことで宮田さんの気持ちを大切にしています。その結果、宮田さんは「授業についていくのも大変だった」という優希さんのおかれている状況を理解することができました。

POINT
・一方的な説得を行うと、クライエントは説得したい方向とは逆の方向へ進んでしまう
・相手の自律性を尊重しながら情報提供をする

04 無関心なクライエント・家族

事例の概要

　塩原さん（50歳、男性）には認知症を患っている母親（80歳）がいます。これまでずっと2人で暮らしてきました。1か月ほど前、母親が自宅で転倒し、大腿骨の骨折により入院となりました。その後状態が落ち着いたため、担当ケアマネジャーは塩原さんに、退院後の在宅生活について相談しようとしました。しかし、塩原さんには母親が自宅へ戻るよりも施設へ入所させたいという希望があるようです。

ケアマネジャーと塩原さんの会話① NG例

ケアマネジャー

お母さんのことですが、自宅へ戻るためには
そろそろ準備をしたほうがよいと思います

でも、すぐに歩けるというわけではないでしょ。自宅に戻ってきても
塩原さん

ケアマネジャー

退院後は下肢リハビリテーションを続けて、
住宅改修制度を使えば大丈夫ですよ

そういうことはよくわからないですよ、僕は
塩原さん

ケアマネジャー

私たちもお手伝いしますので

そうは言っても、母が自宅に戻ってきたら世話をするのは
僕じゃないですか。これまでだって大変だったし、
車いすとかになったらできませんよ。どこかほかの病院とか、
施設とか入れるところはないですか
塩原さん

ケアマネジャー

本人も自宅に帰りたいって言っていますし。
施設を探すといってもすぐに見つかるかわかりませんし、
とりあえずは自宅に戻る方向で考えていきませんか

難しいと思いますよ
塩原さん

注意するコト

● 支援者にとって当たり前かもしれませんが「下肢リハビリテーション」「住宅改修制度」といった塩原さんにはなじみのない言葉を使って説明しています。相手の理解度に合わせた話し方が大切です。

● 塩原さんはケアマネジャーに母親の介護が自分1人では大変なこと、制度に関してはよくわからないことなどを話しています。一方、ケアマネジャーは専門家の立場から自宅での対応が可能であることを述べているので、話が平行線のままになっています。

意識するコト

繰り返しになりますが、クライエントとの信頼関係を築くには、相手の話を受容することが大切です。受け入れられていないと感じたクライエントは、支援者と一緒に問題を解決していきたいという気持ちにはなれません。

塩原さんは介護には積極的ではないかもしれませんが、1人で母親を支えてきたことも事実です。ケアマネジャーは「こうすればもっとよくなるだろう」というようなアドバイスをする前に、塩原さんがこれまで行ってきたことに対して（不十分な部分もあるかもしれませんが）ねぎらってもよいかもしれません。

ケアマネジャーと塩原さんの会話② OK例

ケア
マネジャー

お母さんの突然の入院だったのに、いろいろと対応してくださり、助かりました

そうですね。僕1人しかいませんから

塩原さん

ケア
マネジャー

1人だと大変ですよね。何かお手伝いできることがあれば、
いつでも教えてくださいね

よろしくお願いします

塩原さん

ケア
マネジャー

それでね、塩原さん、お母さんもそろそろ退院だし、今後のことを
考えていきたいのですが、大丈夫ですか?

うーん、やっぱり自宅に戻らないとダメですかね。
施設とか入ることは難しいですよね

塩原さん

ケア
マネジャー

1人で介護するのも大変ですよね

そうなんですよ。退院してすぐに歩けるというわけではないでしょ

塩原さん

ケア
マネジャー

リハビリテーションも必要になってきます。
それからお母さんの身体の状態に合わせて
ご自宅を改修していったほうがいいと思います

そういうことはよくわからないですよ、僕は

塩原さん

ケア
マネジャー

もしよろしければ、福祉サービスのことは
私たちのほうでお手伝いしていきたいと思います

大変そうだし続けていけるかわからないけど、よろしくお願いします

塩原さん

コミュニケーションのポイント

● 相手のよいところを認め、ねぎらう

ケアマネジャーは母親が入院している間の塩原さんのはたらきに対してねぎらっています。たとえケアマネジャーから十分でないようにみえたとしても、塩原さんの気持ちのなかには**「母親を放っておけない」という気持ち**があるのでしょう。**その気持ちに焦点を当てた対応をケアマネジャーは行っています。**そのおかげで塩原さんから「僕1人しかいませんから」という前向きな発言を引き出しています。その発言をケアマネジャーは大切に扱っています。そして「よろしくお願いします」という塩原さんの言葉から、両者の信頼関係が深まってきたことが理解できます。

● 両価性を理解し、解決への気持ちにはたらきかける

塩原さんは「やっぱり自宅に戻らないとダメですかね。施設とか入ることは難しいですよね」と話しており、両価性を抱えていることがわかります。つまり、「自宅で介護をしていく必要がある」という気持ちと、「できることなら介護はしたくない」という気持ちです。そういう両価性に対してケアマネジャーは「1人で介護するのも大変ですよね」と応答しています。これは塩原さんの**「自宅で介護をしていく必要がある」**という気持ちに焦点を当てています。このような応答により塩原さんの「理解してもらっている」という気持ちや、「一緒に問題を解決してもらいたい」という気持ちを強めていくはずです。信頼関係もより強くなってきているので、ケアマネジャーはリハビリテーションや福祉サービスについて、塩原さんにわかりやすいように話しはじめています。塩原さんにはそれを拒否する様子はみられません。

POINT
・支援者からすれば不十分にみえることでも、「一生懸命やってきた」という理解を示すことが大切
・クライエントの解決への気持ちを引き出す

第1節　クライエント・家族とのコミュニケーション　　95

04 無関心なクライエント・家族

ケース10 子どもの問題行動を受け止めない母親とのコミュニケーション

事例の概要

　野崎さん（40歳、女性）の息子の翔真君（小学3年生）は、学校で授業に集中できず、友達とのトラブルも絶えません。担任は学校での現状を野崎さんに理解してもらおうと連絡をとりますが、野崎さんは息子の様子を深刻にとらえてはいないようです。担任としては一度専門家に診てもらってもいいのではないかと考えていますが、野崎さんに対してうまく話を切り出すことができません。

担任と野崎さんの会話① NG例

担任

今日は翔真君のことでお話したいことがあります

なんでしょうか

野崎さん

担任

先日も電話でお伝えしたことですが、翔真君、授業に集中できていません。
お友達に話しかけてみたり、授業と関係のないことを
突然話し出したりすることもあります。
喧嘩になってしまうことが多いんですよ。
一度専門家に診てもらってもよいかなと思いますが

本人には話しましたが、『大丈夫！』と言っています。
これからは注意するって

野崎さん

担任

そうですか。忘れ物も多いようですが、宿題などみてあげていますか？

私も仕事で忙しくて、いつもみてあげることはできません

野崎さん

担任

そうかもしれませんが、誰かが声をかけてあげないと。
最近は全くやってこない日も増えてきていますよ

私も『ゲームをする前に宿題をやりなさい』って言ってはいるんですよ

野崎さん

注意するコト

- 担任の話に対して野崎さんは乗り気ではないようです。仮に会話の冒頭では不協和が起こっていなくても、支援者側の対応によって不協和が起こる可能性もあるので注意が必要です。
- 担任は野崎さんの様子にあまり配慮せず、翔真君の様子を伝えはじめました。それに対して野崎さんは「本人には話しましたが、『大丈夫！』と言っています」と応じています。もしここで不協和が生じているとすれば、さらなる情報の提供は不協和を大きくしてしまうおそれがあります。

意識するコト

不協和が生じている場合、支援者の思いや考えを一方的に伝えることは控え、クライエントとの関係修復に努めることが大事です。具体的にはクライエントの話を傾聴し気持ちを理解する、相手の強みを理解し言及する、これまでのクライエントの努力や行動についてねぎらう、などがあります。

野崎さんは翔真君に話をしています。ということは野崎さんにも「なんとかしたい」という気持ちがあるということです。その気持ちを大切にすることで関係は修復されていきます。情報提供やアドバイスは、両者の関係が修復された後に行うほうがよりよい効果が期待できます。

また、情報提供やアドバイスはクライエントの受容に対する姿勢を確認したうえで行うと、よりスムーズに理解してもらうことができます。どんなによい情報であっても、相手に準備ができていなければ受け入れてもらえません。

担任と野崎さんの会話② OK例

担任

お忙しいところ来ていただき、ありがとうございます。
今日はお仕事大丈夫でしたか？

午後から半休を取りましたから

野崎さん

担任

そうでしたか。ありがとうございます。電話でもお伝えしたことですが、
今日は翔真君のことでご相談したいと思って来ていただきました

どういうことでしょうか

野崎さん

担任

翔真君、学校では楽しく過ごしているのですが、私からみますと、授業では
集中できていない時間が多いようにも思います。ご自宅ではどうですか？

特に変わったようにはみえません。宿題をしないでゲームばかりしていますが

野崎さん

担任

子どもたちはゲームが好きですよね。同じくらい勉強もしてくれるといいのですが

そうなんですよ。私も『勉強してから好きなことをしろ』って言っているのですが

野崎さん

担任

そうですよね。宿題もせずゲームばかりというのも心配ですよね

私もそう思っているのですが

野崎さん

担任

それと野崎さん、翔真君とお友達との関係も心配なところがあります。
本人は楽しく過ごしていることが多いとは思うのですが、トラブルもあって。
思ったことをすぐに口に出してしまうというか。衝動性が強いところが
みられます。そのあたりのことはご自宅ではどうですか？

私が注意しても言うことを聞いてくれなくて。
思いついたら即行動みたいなところはあります

野崎さん

担任

そういうところは少し心配ですよね。もし野崎さんがよろしければ専門
家の話を一度聴いてみてもいいと思うのですが、どうでしょうか

そのほうがよいのでしょうか

野崎さん

コミュニケーションのポイント

●本題前にワンクッションいれる

担任は「お忙しいところ来ていただき、ありがとうございます」と、野崎さんが面接のために時間をつくってくれたことに対して声をかけています。野崎さんからすれば、今回の面接は翔真君のことについて「何か言われるのだろうな」という気持ちになっているはずです。そういう気持ちになっているときにいきなり本題に入ってしまうと、「ああ、やっぱりだ」ということになり、野崎さんは担任と話を続ける気持ちが薄れてしまいます。わかっているとはいえ、自分の子どもの「欠点」について話を聴くことは愉快なことではありません。だからこそ面接を開始するときには**相手にリラックスしてもらう必要がある**のです。

●アイ・メッセージで伝える

学校での様子を伝える際、担任は「私からみますと～にも思います」とアイ・メッセージで伝えています。「（あなたのお子さんは）○○ができていません」というユー・メッセージで伝えると、意図がなくても指示的、高圧的な印象を与えてしまうこともあるので、注意が必要です。

●総合的に判断する

また、担任は翔真君の学校での様子を伝えた後、「ご自宅ではどうですか？」と尋ねています。子どもの様子は学校と家とでは異なります。担任の評価と親の評価も異なります。それゆえ担任は一方的に情報を伝えるのではなく、野崎さんから自宅での様子を教えてもらい、総合的に判断しようとしているのです。

野崎さんからも「私が注意しても言うことを聞いてくれなくて」というような困りごとが出てくるようになりました。**困りごとを話してくるということは、信頼関係が深まってきた証拠**でもあります。そこで担任は専門家への紹介について情報提供を行っています。

> **POINT**
> ・会話を始めるときは、相手がリラックスできる言葉かけを行う
> ・情報提供やアドバイスは相手との信頼関係ができてから行う

+α 傾聴の難しさ
「傾聴しているつもりでも……」

　本書では、繰り返し傾聴の大切さを述べていますが、他者の話を傾聴することは意外と難しいなぁと感じることも多々あります。傾聴が大切なことは理解しているはずなのに、日常会話のなかではこちらの価値観を押しつけてしまったり、矢継ぎ早に質問していたり、相手の話が終わる前にこちらから話しはじめたりしています。

　例えば友人が、「運動不足になってきたから、運動したいんだよね」と話せば、「それならランニングがいいよ」などとすぐにアドバイスしたくなります。頭のなかでは友人の運動に対する気持ちを傾聴し、理解していくことが大切だとわかってはいるのですが。

　子どもに対しても同じです。私だけなのかもしれませんが、自分の子どもというものは、いつ見てもスマホばかりしていて勉強をしていないようにみえるものです。しかし、よく考えてみれば、24時間ずっと子どもを見守っているわけではありません。子どもは子どもなりに学習計画を立てているかもしれないし、私の見ていないところでは努力していることだってあるでしょう。それなのに口から出てくる言葉は、「スマホばっかりいじって、ちっとも勉強していないんじゃないか？」という一方的な問いかけです。

　後になって振り返れば、子どもの将来に対する思いや、勉強に関する本人なりの計画などを聴いてあげればよかったと後悔するのですが、スマホ片手にくつろいでいる姿を目にするとつい一言、言いたくなってくるのです。

　大学で学生を相手に講義しているときも同じ轍を踏んでいます。学生が「間違った」ことを言おうものなら直ちに「正しい答え」を伝えようとしている自分に気がつき、あわてて「どうしてそう考えているのか、もう少し教えて」などと言い直しています。あるいは課題の提出が遅れた学生に対して、理由を尋ねる前に「ダメ出し」をしようとしている自分に気づき、出かかった言葉を飲み込んだりもしています。

　それでも時々、聞き上手な人に出会い、その人とは何気ない会話をしているだけなのに「理解してもらえた」とか「もう少し話を聴いてもらいたい」というような気持ちを感じることがあります。そのような体験が契機となり、改めて傾聴の大切さに気づくことができます。

　そういう聞き上手な人を目指して私が日々意識していることは、「相手の話を最後まで聴く」ということです。途中で口を挟むことなく相手の話を最後まで聴き、一呼吸おいてから応答することができるよう、鍛錬しています。

他職種との コミュニケーション

01 非協力的な他職種

ケース01 | 意見を照会しても返答のないリハビリテーション職とのコミュニケーション

事例の概要

ケアマネジャーの岡本さんは担当している利用者（宝積寺さん）のケアプランを作成するため、訪問リハビリテーションを担当しているリハビリテーション職（以下、リハ職）に最近の様子を書面で照会しました。しかし、情報提供書が送られてくることはなく、何回か電話で依頼しても、状況は変わりません。

そこで岡本さんはリハ職に直接会って宝積寺さんの様子を尋ねてみることにしました。

岡本さんとリハビリテーション職の会話① NG例

岡本さん

こんにちは。お忙しいところすみません。宝積寺さんの様子ですが、何か変わったことはありませんか？

特にありませんよ
リハ職

岡本さん

そうですか。何度かご連絡したのですが、書類をいただけなかったので

あっ、すいません。忙しかったものですから
リハ職

岡本さん

こちらも困るので。書類をいただかないと、ケアプランもつくれませんし

そうですよね。でも、なかなか時間がとれなくて
リハ職

岡本さん

そうでしょうけど……でもそこをなんとかしていただかないと

注意するコト

● 岡本さんはリハ職に情報提供書を作成してほしいと思っていますが、リハ職はそれに応じてくれません。岡本さんが自分の意見だけを主張していても、相手はこちらの要望に応えようという気持ちにはなれないでしょう。

● 「書類を提出してほしい」という岡本さんに対してリハ職は「忙しい」と話しています。岡本さんからすれば相手が本当に忙しいのか、そうでないのかはわかりませんが、不協和を防ぐためには共感的理解を示していく必要があります。そうでないと、「(書類を)書いてください」「時間がありません」というやりとりの繰り返しになってしまいます。

意識するコト

相手に要求を伝えるときは、一方的に伝えるのではなく、相手の許可を得たうえで伝えます。そして要求を伝えた後は、そのことについて相手がどう思っているか確認します（p.30参照）。

職種は違えど、同じ専門職同士ということで、自分の状況はある程度わかってもらっているという前提で話を進めてしまうこともあるかもしれません。しかし、そうではなく、なぜ書類が必要なのかを伝えるなど、相手に理解してもらえるよう伝える努力を怠らないことが大切です。

岡本さんとリハビリテーション職の会話② OK例

岡本さん

こんにちは。お忙しいところすみません。宝積寺さんの様子ですが、何か変わったことはありませんか？

特にありませんよ
リハ職

岡本さん

そうですか。それはよかったです。宝積寺さんの様子について何度かご連絡したのですが、書類をいただけなかったので

あっ、すいません。忙しかったものですから
リハ職

岡本さん

そのことについて少しご相談したいことがあるのですが、よろしいでしょうか？

はい
リハ職

岡本さん

宝積寺さんの情報提供書のことです。お忙しいとは思うのですが、ケアプラン作成のためには必要になるので、ぜひ作成していただきたいと思うのですが、いかがでしょうか

もちろん、ご協力いたします
リハ職

岡本さん

ありがとうございます。いつ頃までにいただけますでしょうか？

来週中にはお送りします
リハ職

岡本さん

そうしていただけると助かります。よろしくお願いします

コミュニケーションのポイント

● 要求を伝える前に確認する

岡本さんは「情報提供書を書いてほしい」という要求を伝える前に、「少しご相談したいことがある」と相手に了解を求めています。そして**相手が了解した後に**情報提供書の話を始めています。このようにすると、要求を一方的に伝えることで引き起こされる可能性のあった不協和を防ぐことができます。不協和が大きくなると、相手はこちらの要求に耳を傾けてくれません。それを防ぐためには、コミュニケーションの土台となっている「同盟関係」を維持することが大切です。

● 要求を伝えた後、相手の気持ちを確認する

岡本さんはリハ職に情報提供書について依頼を行った後、「いかがでしょうか」と尋ねています。これは「私の話したことを了解していただけましたか」という意味の質問でもあります。この質問に対してリハ職は「協力する」と答えています。

● 具体的な行動を確認する

ここで話を終えてもいいのですが、情報提供書のやり取りは、**プロフェッショナル同士の仕事上のやり取り**です。プロフェッショナル同士のやり取りとは、互いがきちんと責務を果たし合う関係によって成り立つものです。専門職同士、クライエントがその人らしい人生を送るという目標に向かって、互いの専門性を尊重し合いながらクライエントとかかわっていきます。この点が支援者とクライエントという支援関係とは異なるところです。ですから岡本さんも次の具体的な行動を確認するため「いつ頃までにいただけますでしょうか」と確認し、「来週中には送る」という言葉を相手から引き出しています。

POINT
・要求を伝えるときは不協和に注意する
・要求は相手の許可を得てから伝える
・要求を伝えた後は、相手の気持ちや考えを確認する

02 高圧的な他職種

事例の概要

　　小山さんは地域包括支援センターの社会福祉士です。最近、担当している安積さんの主治医から連絡がありました。医師は安積さんの認知症が進行してきたこと、このまま自宅で生活を続けていくのは難しいこと、すぐに施設に入所すべきであることを一方的に話しはじめました。小山さんは社会福祉士としての意見を伝えたうえで医師と連携していきたいと思っていますが、一方的に状況を伝えてくる医師となかなかうまくやり取りができません。

小山さんと医師の会話① NG例

医師

安積さんの件ですけど

はい
小山さん

医師

老人ホームとか、どこかないですかね。自宅での生活はもう難しいですよ

すみません。すぐに施設に入所するのは難しいです
小山さん

医師

どうして？　認知症が進行して、このまま家で暮らすのは難しいよ

施設はどこも希望者が多くて。それに安積さんの気持ちも確認してみないといけませんし
小山さん

医師

何かあってからじゃ遅いでしょ。今すぐなんとかしないと

はい
小山さん

注意するコト

- 一方的に話してくる医師に対して小山さんは、「施設に入所するのは難しい」という事実を説明しようとしています。しかし、それが事実であっても、このような間違い指摘反射は、医師からすれば「反論されている」と思われてしまう可能性があります。

- さらに小山さんは安積さんの施設入所にあたって、まずは本人の気持ちを確認したいと述べています。これも正論です。社会福祉士は利用者本人の意思を大切に、支援を行っていくのが仕事です。けれども事例のような「一方的に話してくる」人に対しては、時に正論が通じないこともあります。事実を説明しようとすればするほど相手は「自分の話を聴いてもらっていない」という気持ちになり、不協和が大きくなってしまいます。

意識するコト

医師は小山さんに対して一方的に話をしていますが、それは安積さんを心配する思いから生じるものです。そういう気持ちを理解しているということを医師に伝え返すことで不協和を防ぐことができます。

ここで必要なのは医師に対する反論ではなく、一緒に問題解決を行っていこうという同盟関係を深めていくことです。一方的に説得されるのはあまり愉快なことではありませんが、支援の専門職としてクライエントの福祉を優先して考えていくことが求められます。そのためには医師に対して適切な聞き返しを行い、医師の意図を理解したうえで、こちらの意見を伝えていきます。

小山さんと医師の会話② OK例

医師

安積さんの件ですけど

はい

小山さん

医師

老人ホームとか、どこかないですかね。自宅での生活はもう難しいですよ

ご連絡ありがとうございます。自宅での生活が難しくなってきたのですね。どのような状態なのでしょうか

小山さん

医師

認知症がだいぶ進行してきているので、1人暮らしは難しいと思います

認知症が進んで1人で生活していくのが難しくなった。それは心配ですよね

小山さん

医師

なんとかなりませんか

お手伝いできることはいくつかあると思います

小山さん

医師

よろしくお願いします

こちらこそ、よろしくお願いします。先生と連携していけると心強いです。それで先ほどの施設の件ですが、先生のお考えはありますか

小山さん

医師

特養とか、グループホームとか、そういう施設がいいと思います

特養とか、グループホームですね。確かに1人暮らしが難しくなってきたとすればそういうところを考えていく必要がありそうですね。
私のほうでも安積さんに合う施設を探してみます。
入所にあたっては手続きが必要になるのですが、先生はご存知でしょうか

小山さん

医師

いいえ。そのあたりのことは疎くて

よろしければ説明いたしましょうか

小山さん

コミュニケーションのポイント

● 心理的抵抗を小さくする

「自宅での生活はもう難しい」という医師の判断を聞いた小山さんは、まずは連絡してきたことに対してお礼を言い、それから「自宅での生活が難しくなってきたのですね」と聞き返しを行っています。このような応答は「あなたの意見を大切に聴いています」というメッセージになり、相手の心理的抵抗を小さくする効果があります。

● 相手のとらえ方を確認する

そのうえで小山さんは「どのような状態なのでしょうか」と開かれた質問をしています。この質問によって、医師が安積さんをどうみているかが理解できます。医師の判断は「自宅での生活は限界」だということです。そのことに対して小山さんは間違い指摘反射をコントロールしながら応じています。また、「先生と連携していけると心強い」など相手へのポジティブな気持ちを伝えることで、医師との同盟関係を強化していこうとしているのです。

● 情報提供のタイミングを考える

また、小山さんは施設入所のためには手続きが必要であることを質問という形で医師に伝えています。仮にもしここで不協和が大きくなっていれば、「何かあってからじゃ遅いでしょ。今すぐなんとかしないと」というような「反論」が返ってくるかもしれません。しかし、**信頼関係が深まってきているからこそ、医師から「手続きのことはわからない」という自己開示を引き出すことができた**のです。このようなやりとりになれば、次は小山さんが入所に関する手続きや、入所を希望してもすぐに入所できない事情などを説明することが可能となってきます。

POINT　・一方的に話してくる人であっても反論せず、信頼関係を深めていく
　　　　・情報提供は信頼関係が構築されてから行う

02 高圧的な他職種

ケース03 なんでも仕切りたがる看護師とのコミュニケーション

事例の概要

特別養護老人ホームの主任ケアワーカーをしている小金井さんは、同じ職場で働く看護師との連携に困っています。同僚ケアワーカーによれば、看護師はケアワーカーたちの仕事のやり方を認めず、自分のやり方を押しつけてくるようです。看護師は小金井さんに対しても、ケアワーカーたちのやり方が「違う」ことについて注意します。小金井さんは看護師に対して、互いのやり方を尊重し合いながら仕事を進めることを提案したいと考えています。

小金井さんと看護師の会話① NG例

看護師

ちょっといいですか

どうかしましたか
小金井さん

看護師

ケアワーカーさんたち、シーツ交換のやり方を勉強しているのでしょうか。
あれでは利用者さんの背中に褥瘡ができてしまいますよ

みんな一生懸命やっていると思うのですが
小金井さん

看護師

食事介助だって、もう少しゆっくりしてあげないと、食べるほうだって楽しくないでしょ。だから私がやり方を見せてあげないといけないかなって

そうしなければいけないのかもしれませんが、
私たちもやらなければならないことがあって
小金井さん

看護師

利用者さん第一でいきましょう

そうですね……
小金井さん

注意するコト

● 一方的にやり方を押しつけてくる看護師に対して、小金井さんは自分の意見を伝えたいと考えています。しかし、思っていることを直接伝えることができず、「みんな一生懸命やっていると思う」とか、「私たちもやらなければならないことがあって」とあいまいに話しています。このような伝え方では、看護師に小金井さんの考えを理解してもらうことはできません。

● 相手の話を聴くときは受容的に聴くことが大切です。それと同時に、専門職同士が対等に連携していくためには、こちらの意見を的確に伝えていく必要があります。つまり相手の意見を尊重しながら、こちらの意見を主張していくということが大切です。

意識するコト

相手にこちらの意図を伝えるべきときは毅然とした態度が必要です。けれども伝え方によっては「反対している」ととらえられてしまうこともあるので注意が必要です。そのようなことを防ぐためにはアイ・メッセージ（p.32）で伝えることが有効です。相手の意見に耳を傾け、共感を示し、そのうえでこちらの考えを伝えていきます。

また、相手の意見に共感を示すことは相手の意見に賛同することとは違います。不協和を防ぐために相手の意見に共感を示すことは必要ですが、共感を示した後に対等なパートナーとしてこちらの意見を適切に伝えていくことが必要なのです。

小金井さんと看護師の会話② OK例

看護師

ちょっといいですか

どうかしましたか

小金井さん

看護師

ケアワーカーさんたち、シーツ交換のやり方を勉強しているのでしょうか。
あれでは利用者さんの背中に褥瘡ができてしまいますよ

褥瘡は防ぎたいですよね。私たちケアワーカーも褥瘡を防ぐために勉強していく
必要があると思います。今回はどのあたりが気になったのですか？

小金井さん

看護師

シーツに皺がよっていました。先日も教えてあげたのに

ありがとうございます。そうやって気がついたことを教えていただけると
助かります。ほかに気になっていることは、何かありますか

小金井さん

看護師

食事介助なんかも気になって。全員じゃないけど、
急ぎすぎて利用者さんを急かしているようにみえるときがあって

そうですか。もう少しゆっくり介助していくほうがいいかなと

小金井さん

看護師

そうですね

シーツ交換にせよ、食事介助にせよ、私たちケアワーカーが責任をもって
やっていく必要があることです。
ケアに関するスキルを高めていく必要がありますよね。
そのためには看護課とも連携していく必要があると私も思うのですが、
何かいいアイディアはありますか？

小金井さん

コミュニケーションのポイント

● 共感できるポイントに焦点を当てる

看護師の「あれでは利用者さんの背中に褥瘡ができてしまいますよ」という指摘は、「だから私の言うことを聞かないと」というような意味が含まれているかもしれませんし、文字どおり利用者のことを心配しているのかもしれません。あるいは両方の意味が含まれているのかもしれません。発言者の意図はわかりませんが、小金井さんは**「利用者を心配している気持ち」**に焦点を当てて会話を進めています。それが「褥瘡は防ぎたいですよね」という応答です。看護師に対して反論するのではなく共感的に応じています。

● 相手の発言をポジティブにとらえる

「先日も教えてあげたのに」という発言から理解できるように、看護師はケアワーカーに自分のやり方を伝えていきたいと考えています。もし看護師が「一方的に考えを押しつけてくる」のであれば、それは「余計なこと」になってしまうでしょう。しかし、だからと言ってそれを直接伝えてしまっては、相手との信頼関係を築くことはできません。そのため、小金井さんは、「一方的に押しつけてくる」ととらえるのではなく、**「教えたい」（役に立ちたい）**という気持ちに焦点を当て、お礼を言っているのです。

● 伝えるべきことは明確に伝える

このように相手との信頼関係を築きつつ、ケアワーカーも責任をもって仕事をしていかなければならないこと、そのためにはスキルを高めていく必要があること、スキルを高めていくために看護課との連携を望んでいることなどをアイ・メッセージを利用しながら**はっきりと伝える**ことができました。

POINT ・話のどこに焦点を当てるかで、その後の話の流れが変わっていく
・信頼関係を築き、主張すべきことは主張する

職場内での コミュニケーション

01 業務指導・アドバイス

ケース01 | 課題への認識が乏しい部下とのコミュニケーション

事例の概要

　　石橋さんは特別養護老人ホームの主任ケアワーカーです。最近、部下の間で、入職2年目の矢吹さん（32歳、女性）が「協力的でない」という意見があり、詳しく聴くと、「業務報告を怠る」「ほかの職員と連携せず勝手に仕事を進める」などの話がありました。石橋さんは一度矢吹さんと話し、状況を確認することにしました。

石橋さんと矢吹さんの会話① NG例

石橋さん

今日は矢吹さんの勤務状況について話をしたいと思い、お呼びしました

何か問題でもありましたか？

矢吹さん

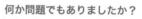

石橋さん

仕事はどうですか？　何か困っていることはありませんか？

特にありません。うまくいっていると思います

矢吹さん

石橋さん

そうですか。ほかの職員との連携はどうでしょうか？

特に問題ないかと思いますが

矢吹さん

石橋さん

業務報告書はどうですか？　少し遅れているようですが

私はやるべきことをやっています。ただ、忙しくて報告書を書く時間がないんです

矢吹さん

注意するコト

- 勤務状況について話をしたいという石橋さんの呼びかけに、矢吹さんは「何か問題でもありましたか？」と問い返しています。このことからも推測できますが、矢吹さんは自身の勤務について「問題がある」という自覚はなさそうです。自覚のない矢吹さんに対して「困っていることはないか」とか「連携はどうか」と尋ねても本音を引き出すことは難しいでしょう。

- 仮に「問題がある」という自覚があっても、人は受け入れられていないと感じれば自分の思いを話そうという気持ちにはなれません。反対に受け入れられていると感じたときに自分の思いを率直に話すようになります。

- また、上司や管理的な立場の人から急に呼び出しを受けると、大抵の人は緊張します。「一体何を聴かれるのだろうか」という不安もあるでしょう。そのような緊張状態のなかでは、たとえ困ったことがあっても相談したいという気持ちにはなれないかもしれません。

意識するコト

繰り返しになりますが、相手との同盟関係をつくっていくためには、間違い指摘反射に注意しながら、相手の話を傾聴することが大切です。たとえ相手が事実と異なることを言ったとしても、その間違いを指摘する前に、相手の思いや考えを理解していきます。相手の強みに言及したり、ねぎらったりすることも心理的抵抗を小さくすることにつながります。

また、急に呼び出しを受けて緊張している人に対しては、話し合いに先立って、話し合いの目的を明確にすることや、自分の役割をあらかじめ伝えることも有効な方法です。

石橋さんと矢吹さんの会話② OK例

石橋さん

お忙しいところすみません、今日は矢吹さんの勤務について
話をしたいと思いお呼びしました

何か問題でもありましたか？

矢吹さん

石橋さん

急にお呼びして驚かれたかもしれませんね。矢吹さんもご存知だとは思いますが、
私には現場の職員に対するスーパービジョン、
つまり職員が何か困っていれば一緒に考えていく役割もあります

そうですか。でも、困っていることは、今はないと思います

矢吹さん

石橋さん

そうですか。今は順調に進んでいるということですね

順調と言われると、そういうことでもないと思います

矢吹さん

石橋さん

多少気になっていることはある。よかったら、教えていただけませんか

最近、ほかの職員がいろいろと言ってくるのですが、うまくいかなくて

矢吹さん

石橋さん

どのような話をしてくるのでしょう

業務報告が遅いとか、チームワークに欠けているとか、そういうことです

矢吹さん

矢吹さん

矢吹さんは一生懸命やっているのに、ほかの職員が理解してくれない、
という感じでしょうか

私なりに努力しているつもりなのですが……

矢吹さん

石橋さん

矢吹さんもほかの職員と協力するために努力されている。よろしければ、
矢吹さんとほかの職員が協力しながら仕事を続けていけるように
一緒に考えていきたいのですが、よろしいでしょうか

お願いします

矢吹さん

コミュニケーションのポイント

● **話し合いの目的と自分の役割を明らかにする**

「何か問題でもありましたか」という矢吹さんの発言からは、呼び出されたことに対する緊張や不安、まだ同盟関係が築かれていないことなどを理解することができます。そこで石橋さんは不安や緊張を緩和するために、矢吹さんの気持ちに寄り添いながら**話し合いの目的と自分の役割**を明確に伝えています。

● **反対（極端）に伝えて、本音を引き出す**

「困っていることはない」という矢吹さんの消極的な言い回しから、石橋さんは「順調に進んでいるということですね」という積極的な言い回しに変えて伝え返しています。こうすることで矢吹さんは自分の状況を振り返り、「順調と言われると、そういうことでもない」という一歩踏み込んだ自分の気持ちに気づくことができました。

● **相手のペースに合わせて話を進める**

結果、矢吹さんから「ほかの職員との関係がうまくいっていない」という状況が語られました。そこで石橋さんは**矢吹さんの努力をねぎらいつつ、一緒に問題解決をしていこう**という提案をしています。このように相手との同盟関係が十分にできるまでは、急がずに相手のペースで話を進めていくことも必要です。

● **適切に言い換える**

矢吹さんがほかの職員から「業務報告が遅いとか、チームワークに欠けている」と言われたという悩みを伝えたとき、石橋さんは矢吹さんの発言主旨に沿いながら、「一生懸命やっているのに、ほかの職員が理解してくれない」という矢吹さんの気持ちを代弁する言葉に言い換えて伝え返しています。「私なりに努力しているつもり」という矢吹さん自身の仕事への自己評価を引き出すきっかけとなっています。

POINT
・話し合いの目的と自分の役割を伝え、安心してもらう
・相手の困りごとを引き出し、寄り添う

01 業務指導・アドバイス

ケース02 | 繊細な部下へのアドバイス時のコミュニケーション

事例の概要

　ヘルパーステーションで主任をしている野木さんは、対人関係に悩んでいる新人ヘルパーに対し、アドバイスをしようとしています。新人ヘルパーは、とても丁寧に仕事をしているのですが、繊細な性格で、先輩ヘルパーや利用者の一言を気にしすぎてしまうところがあります。本人もそのことについては自覚しており、できれば「自分の性格について直していきたい」と考えています。

野木さんと新人ヘルパーの会話① NG例

野木さん

最近はどう？

　　　はい。ありがとうございます。仕事に関しては、あまり変わりありませんが

新人
ヘルパー

野木さん

まだ言われたことを気にしているの？

　　　そうですね。なかなか忘れられなくて

新人
ヘルパー

相手だって悪気があって言ったわけではないのだから、
そんなに気にしなくてもいいんじゃない

野木さん

　　　そうですけど……やはり、ああいうことをおっしゃるのは、私が悪いわけだし……

新人
ヘルパー

野木さん

そんなことはないと思うけど。早く忘れちゃいましょう

　　　そうできればいいのですが

新人
ヘルパー

注意するコト

- 新人ヘルパーは、利用者に言われたことを気にしています。その気持ちを傾聴せず、野木さんは「気にしなくてもいい」というアドバイスをしています。このようなアドバイスは、あまり物事を気にしないタイプの人にとってはよいアドバイスになることもありますが、物事を気にするタイプの人にとっては効果的とはいえないでしょう。

- 繊細な新人ヘルパーは、言われたことや、起きてしまったことを「まあ、いいか」と受け流すことができず、自分を責めてしまいます。そのため、「早く忘れちゃいましょう」というアドバイスも、同じようにうまく受け入れることができません。

意識するコト

物事を真剣に受け止めすぎてしまう人に対しては、本人の気持ちに焦点を当てた応答を行うことで安心感を高めてもらうようにします。「気にしている」「不安だ」「（相手に言われて）びっくりした」というような気持ちを理解していることを伝え、「理解してもらえている」という気持ちをもってもらいます。

「理解してもらえている」という気持ちを強くもつことができれば、自分自身を振り返り、次に同じようなことが起こった場合どうすればいいかを考える力につながっていきます。

野木さんと新人ヘルパーの会話② OK例

野木さん

最近はどう？

はい。ありがとうございます。仕事に関しては、あまり変わりありませんが

新人
ヘルパー

野木さん

何か気になっていることがあるのかな

そうですね。鈴宮さん（利用者）に言われたことが気になって

新人
ヘルパー

野木さん

言われて驚いたでしょ。一生懸命仕事をしていたのに

はい

新人
ヘルパー

野木さん

それで自分が悪いんじゃないかと

そうです。ああいうことをおっしゃるということは、私が悪いのではないかと

新人
ヘルパー

野木さん

そうか。確かに自分を責めたくなる気持ちも出てくるよね

はい

新人
ヘルパー

野木さん

もっとしっかり仕事ができたらいいなと考えているのかな。
鈴宮さんにも言われないように。
一方であなたにも言いたいことがあるのでは？

わざとやったわけではないし、鈴宮さんの役に立てばいいかなと思ってやったんです

新人
ヘルパー

相手のことを思って一生懸命仕事をしたということですよね。
その気持ちはとても大切だと思います

そうでしょうか

新人
ヘルパー

野木さん

そうですよ。もしよければ、次の機会に、よりうまくできる方法を
一緒に考えてみませんか

コミュニケーションのポイント

● 複雑な聞き返しで、気持ちを受け止める

「仕事に関しては、あまり変わりがありません」と話す新人ヘルパーに対して、野木さんは「何か気になっていることがあるのかな」という聞き返しを行っています。ここで行っている聞き返しは**複雑な聞き返し**（p.12）です。このような聞き返しを行うと、相手はより自分のことを「理解してくれている」という気持ちをもつことができます。

● 感情に焦点を当てる

また野木さんは、利用者に言われたことを気にしている新人ヘルパーに対して「驚いたでしょ。一生懸命仕事をしていたのに」と感情に焦点を当てた応答を行っています。このような**共感は新人ヘルパーが出来事を前向きにとらえていこうという気持ちにつながります**。

● 気持ちを代弁する

さらに野木さんは新人ヘルパーの気持ちを代弁するように、「自分が悪いんじゃないかと」「自分を責めたくなる気持ちも出てくるよね」というような聞き返しを続けています。そのおかげで新人ヘルパーは徐々に心を開き、「鈴宮さんの役に立てばいいかなと思ってやった」と話すようになります。

● 相手の強みを認める

ここで野木さんは「一生懸命仕事をしたということですよね」と伝え、相手のよさを肯定しています。「自分が悪いのではないか」と自分を責める新人ヘルパーに、自分のよさを理解してもらうことは自信につながります。そして、次の機会に、よりうまくできるような方法を考えていこうと野木さんは提案しています。

POINT
・繊細な人に対しては気持ちを受け止め安心してもらう
・相手の強みを認め、次の機会にどうすればいいかを一緒に考える

01 業務指導・アドバイス

事例の概要

　特別養護老人ホームで主任ケアワーカーをしている栗橋さんは、後輩ケアワーカーへの対応に困っています。利用者への接し方や、ケアの方法を指導しようとすると「それはわかっています」などと言い、決して自分のやり方を変えません。また、自分よりも後に就職したケアワーカーに対しては、いろいろと指図しようとします。

　栗橋さんは後輩ケアワーカーに対して、まずは利用者の呼び方を直してほしいことを伝えたいと思っています。

栗橋さんと後輩ケアワーカーの会話① NG例

栗橋さん

少し話したいことがあるのだけど、いいかな

なんですか。また注意ですか

後輩ケア
ワーカー

栗橋さん

利用者さんへの呼びかけだけど、『ちゃん付け』はよくないと思うよ

そうですか。そう呼んだほうがいい人もいるでしょう。
本人だってうれしいと思いますよ。よそよそしい感じがなくて

後輩ケア
ワーカー

栗橋さん

『親しき仲にも礼儀あり』だよ

そんな難しいこと言われてもわかりませんよ

後輩ケア
ワーカー

栗橋さん

とにかく、言葉遣いには気をつけようよ

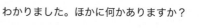
わかりました。ほかに何かありますか？

後輩ケア
ワーカー

注意するコト

● 「また注意ですか」と応じる後輩ケアワーカーは、いつも誰かから注意されているのかもしれません。そのため、注意されても素直に受け止めることができなくなっているのでしょう。

● 実際、「ちゃん付け」はよくないと指導する栗橋さんに対しても「そう呼んだほうがいい人もいる」というように反論しています。このような反論を耳にすると「それは違う」と即座に言いたくなりますが、注意が必要です。

● 栗橋さんは「それは違う」と直接的に否定しているわけではありませんが、後輩ケアワーカーの行動を注意するつもりで「言葉遣いには気をつけようよ」と話しています。そのような話に対しても後輩ケアワーカーはあまり納得する様子をみせていません。

意識するコト

「ちゃん付け」で利用者を呼ぶ後輩ケアワーカーは、「よそよそしい感じ」を防ぐためにそう呼んでいると説明しています。ということは、後輩ケアワーカーには「利用者と親しくなりたい」という気持ちや、「楽しい気持ちで過ごしてもらいたい」という思いがあるのかもしれません。

そうだとするならば、たとえそのやり方が間違っていたとしても、後輩ケアワーカーの思いは大切にしていく必要があります。なぜなら、どんな人でも自分の言っていることを頭から否定されれば面白くないし、それ以上相手の話を聴きたいとは思えなくなるからです。

後輩ケアワーカーにもプライドがあります。そのプライドを尊重しつつ、話を進めていく必要があります。

栗橋さんと後輩ケアワーカーの会話② OK例

栗橋さん

少し話したいことがあるんだけど、いいかな

なんですか。また注意ですか

後輩ケア
ワーカー

栗橋さん

注意されるのは、あまり気持ちのいいものではないよね

そうですね。俺、特に何もやってないですよ

後輩ケア
ワーカー

栗橋さん

そうだよね。利用者さんに対していつも明るく接してくれているし

そうですよね。俺、結構頑張っていると自分でも思います

後輩ケア
ワーカー

栗橋さん

なるほど。仕事は頑張っていきたいと。
自分ではどういうふうにやっていきたいのかな？

そうですね、利用者さんにはいつも楽しくいてほしいし、
そのために自分も明るくやっているつもりです

後輩ケア
ワーカー

栗橋さん

そうだね。それでそのために守ってもらいたいこともあるんだけど。わかるかな

なんですか

後輩ケア
ワーカー

栗橋さん

私たちはプロとして言葉遣いにも気をつけていく必要があると思うんだ。
もちろん、利用者さんに楽しんでもらうのは大事だと思う。
そういう面ではこれからもよろしく頼むよ。その一方で、
利用者さんを尊重していく必要もあると思うんだ。
そのためには『さん付け』でお呼びするとか。どうかな

そうですね。そうしてみます

後輩ケア
ワーカー

コミュニケーションのポイント

● 気持ちを代弁して、不協和を小さくする

「また注意ですか」と応じる後輩ケアワーカーは、面接の前から周囲の先輩ケアワーカーに不協和を抱いていたのかもしれません。自分のやり方を理解してもらえず、「注意ばかり」なのですから当然のことです。そんな後輩ケアワーカーに対して栗橋さんは、「注意されるのは、あまり気持ちのいいものではないよね」と**気持ちを代弁するような聞き返し**を行っています。このような聞き返しは後輩ケアワーカーの不協和を小さくしてくれます。

● プラス面を評価し、距離を縮める

さらに栗橋さんは、「特に何もやってないですよ」という後輩ケアワーカーに対して、「そうだよね。利用者さんに対していつも明るく接してくれているし」と、**プラス面を評価**しています。プラス面に焦点を当てた応答は、時に難しく感じるかもしれませんが、「うまく対応する方法を知らないだけで、一生懸命取り組んでいる」という視点から相手の行動をみていくことが大切です。

● ポジティブな面に焦点を当てる

「結構頑張っていると自分でも思います」という応答も、間違い指摘反射を意識していなければ「そんなことないだろう」と切り返してしまうかもしれません。
後輩ケアワーカーの発言から「先輩の注意なんて聴きたくない」という気持ちと「頑張ってよい仕事をしたい」という相反する気持ちが混在しているに違いありません。そのような場合、できるだけ**ポジティブな面に焦点を当て**ながら会話を進めていくと、自然と信頼関係が強くなります。そうなればこちらが伝えたいことを、より伝えやすくなります。

POINT	・やり方は間違っていても、一生懸命やっている気持ちを大切にする ・ポジティブな面に焦点を当てて会話を進めることが信頼関係を強める

02 連絡・報告

ケース04 | 忙しくて相談をもちかけにくい上司とのコミュニケーション

事例の概要

古河さんは、居宅介護支援事業所でケアマネジャーをしています。直属の上司は、いつも忙しく、ゆっくり話をする時間がありません。

今日は、そんな上司に、虐待が疑われるケースについて報告を行うとともに、可能であれば今後の対応に関して相談したいと考えています。

古河さんと上司の会話① NG例

古河さん

すみません。私が担当している金井さんの件で相談があります

何かありましたか？

上司

古河さん

先日、金井さんの自宅を訪問したのですが、息子さんからの虐待があるようなんです

そんな話は聴いていないよ。いつの話？

上司

古河さん

○月△日です

もっと早く報告してくれないと。それで、これからどう動いていくの？

上司

古河さん

とりあえず息子さんに会って、話を聴いてみようと思っています

それで大丈夫？

上司

注意するコト

● 相談と報告は区別する必要があります。古河さんは上司に「相談があります」と話しかけていますが、その直後、金井さんの自宅に訪問した、という報告をしています。

● また、「虐待があるようだ」と伝えていますが、その時点ではあくまでも虐待の可能性があるということです。ですから上司に報告するときは、「虐待があるようだ」という見立てに加え、古河さんが見聞きしてきたことを具体的かつ簡潔に報告してもいいかもしれません。

● さらに、「いつの話？」と上司から聞き返されてしまっています。効率的に話を進めるために、日時・場所等基本的事項は事前に伝えておいたほうがよいでしょう。

意識するコト

報告は推測を交えず、客観的かつ簡潔に行う必要があります。いつ、どこで、誰が、何をしたのかをわかりやすく伝えていきます。もし、相手が忙しくて、すぐに報告できない場合は、日程を調整してもらうようにします。直接報告できず書面で伝える場合でも、誤解を防ぐためには後日改めて口頭で報告したほうがいいでしょう。

また、相談する際には、「自分としてはどうするつもりなのか」ということを整理しておくとわかりやすいでしょう。しかし、それはあくまでも「案」であり、決定ではありません。上司から依頼やアドバイスがあったときには、自分の意見に固執せず俯瞰的な立場で検討していきましょう。

古河さんと上司の会話② OK例

古河さん

すみません。私が担当している金井さんの件で報告と
相談があります。今、お時間大丈夫ですか？

大丈夫ですよ。どうしましたか？

上司

古河さん

先日、○月△日に金井さんの自宅を訪問したのですが、
息子さんとの関係が悪くなっているようなんです。
部屋のなかは片づいておらず、金井さん本人と話したのですが、
『息子に殴られる』と言っていました

それは虐待かもしれないね。それで、これからどう動いていくの？

上司

古河さん

はい。まずは地域包括支援センターに連絡して状況を報告しようと思います。
それから金井さんが利用しているデイサービスに連絡を入れて
最近の様子を伺ってみます。また、可能ならば息子さんにも会って、
話を聴いてみようと思っているのですが、どうでしょうか？

そうだね。関係機関と連携しながら進めてください

上司

古河さん

ありがとうございます。また報告させていただきます

コミュニケーションのポイント

● **相手の状況を確認する**

古河さんは報告を始める前に上司の都合を確認しています。ここでもし上司の都合がつかなければ、改めて時間を調整してもらいます。

● **考えは根拠とともに伝える**

報告に関しては、まず、「息子さんとの関係が悪くなっているようだ」と古河さんの考えを述べています。1番伝えたいこと（結論）から述べることで、限られた時間でも明確にメッセージを伝えられます。続けて「部屋のなかが片づいていない」「息子に殴られると言っている」という**根拠を述べています**。このような事実を聴いた上司は「虐待かもしれない」と考えるようになりました。

● **事前に自分の考えをまとめておく**

今後はどう動いていくのかという上司の質問に対しては、相談という形で、地域包括支援センターやデイサービスの職員との連携、息子との面接を予定していることを伝えています。このように、相談する際はあらかじめ**自分の考えを整理しておく**と相手にとっては理解しやすいでしょう。**理解しやすいということは、アドバイスも受けやすくなる**ということです。

POINT　　・報告と相談は区別し、具体的・簡潔に行う
　　　　　・相談する際は、事前に自分の考えを整理しておく

02 連絡・報告

ケース05 理不尽な上司とのコミュニケーション

事例の概要

　ケアワーカーの高久さんは、副主任のところへ日報を提出しに行きました。高久さんの勤務する施設では、日報はチームリーダーが確認のうえ、副主任が確認することになっています。いつものように日報を提出しましたが、その日に限って副主任は高久さんを呼び止め、「日報の提出が遅い」「内容が薄い」などと意見を言い出しました。高久さんは日報のどこがいけないのか副主任に尋ねましたが、大声で非難されるばかりで教えてくれません。

高久さんと副主任の会話

副主任

この日報は受理できません！

高久さん

どうしてでしょうか？

副主任

そんなこともわからないのか。内容が薄いんだよ。これじゃ、
読んでもわからない。書き直してください

高久さん

チームリーダーにも確認してもらっています。どこが悪いか教えてください

副主任

チームリーダーじゃないよ。
高久さんね、あなたは、経験は私よりもあるでしょ、
この組織がどういうやり方をしているか、
わかっているでしょ。そのくらいわかる年齢ですよね

高久さん

私も一生懸命書いたんです。それにどこを直せばいいか
おっしゃっていただかないと、わかりません

副主任

そんなこともわからなければ、もう書かなくていい！

注意するコト

● 高久さんはいつものように日報を提出しに行っただけなのに、副主任は理由を言わずに受け取らず、経験や年齢を理由に高久さんを責めました。これはハラスメントの可能性があります。ハラスメントは職場内でも学校内でも起こり得ます。

● このようなパワーハラスメントとも思える事例では、1 人で思い悩む必要はありません。あなたは悪くありません。

● ハラスメントを行う側は、一見すると相手を心配するような話し振りを見せることもあります。このような場合、言われている側は自分が心配されているのか、責められているのか混乱してしまうこともあります。しかし、それはハラスメントを行う側の「戦略」でもあります。そのような「戦略」に 1 人で立ち向かうのはとても難しいことです。1 人でも多く理解者を増やし、孤立しないようにしてください。

● また、信頼できる上司などに相談し、一緒に対応を考えてもらうことが大切です。そのような人がいない場合は、外部の相談機関に相談することも考えてください。

意識するコト

最近ではハラスメントに関する相談部署を設ける職場が増えてきました。しかし、ハラスメントに関する相談では、相談をする人がためらってしまうことがあります。ハラスメントを受けているにもかかわらず、「自分に非があるのではないか」と思い込んでしまうからです。相談部署がある場合は、ためらわずに相談してください。

自分を守るための工夫も大切です。嫌がらせを受けてショックを受けているときに行動を起こすのはとてもエネルギーのいることではありますが、ハラスメントの証拠を残すことも大切です。可能であれば出来事を記録し、医療機関を受診した場合は診断書を作成してもらうようにしてください。

ハラスメントに関する相談機関での高久さんと相談員の会話

高久さん

今日は職場の上司の件で相談に来ました

どのようなことでしょうか
相談員

高久さん

詳しいことは記録を作成してきました。私の職場では、
日報を副主任に提出することになっているのですが、
副主任はそれを理由も言わずに受け取らなかったんです。
私が理由を尋ねても、『経験があるだろう』だとか、『わかる年齢だろう』などと、
大声で怒鳴るように言ってくるので、驚いてしまって

それは大変でしたね。日報を提出しに行ったら、
急に大声で。理由も教えてくれない
相談員

高久さん

そうなんです。何しろ大声で、
威嚇してくるように話してくるものだから、
私のほうが悪いのかなって

驚いてしまいますよね。体調は大丈夫ですか？
相談員

高久さん

こんなことがあってからずっと食欲がなくて。
寝るときなんかにも『私のほうが悪いんじゃないか』って考えたりして。
理解してくれる同僚は『あなたは悪くない』って言ってくれるんですけど

そうですか。相談できる人もいるんですね。それは
大切なことです。あなたは悪くないですよ
相談員

コミュニケーションのポイント

● 周囲の人が気づき、手を差し伸べる

周囲に理解者がいるとはいえ、1人で耐えた高久さんにとって相談機関とつながることはとても大切なことです。ハラスメントの被害を受けている人は心身ともに疲弊しています。声を上げることもできず孤立していることもあります。周囲の人もそのことに気づいたなら、声をかけるなど行動を起こすことが大切です。

● 相談を受けたときの対応

ハラスメントの相談を受けたら、まずは相手の話を否定せずに聴きます。勇気を振り絞って相談してくれたことを是認してあげてください。「理解してもらえた」という気持ちは被害者に勇気を与えます。

● 組織全体にはたらきかける

コミュニケーションのポイントとは少しずれますが、ハラスメントは、被害者に対する周囲の理解や支援に加えて、組織ぐるみで取り組んでいかないと真の解決には結びつきません。職場でのハラスメントは組織の問題でもあり、どんなに周囲の理解があっても、ハラスメントをする上司が変わらなければ問題は解決しません。その上司を変えていくためには、被害者1人だけでなく、周囲が声をあげていくことが必要です。さらにそういう周囲の声をきちんと受け止めていけるように、組織自体が変わっていくことが必要なのです。

POINT
- ハラスメントを受けている人は相談することをためらうことがある
- 被害者を孤立させないことが大切
- 相談を受けたときは、相談してくれた勇気をねぎらい、是認する

03 会議・意見交換

ケース06 | 会議場面で意見の言えない新人職員とのコミュニケーション

事例の概要

　生活相談員の豊川さんは、施設内で行う入居者の生活を改善するための会議の司会を担当しています。この会議には新人職員の黒田原さんも出席していますが、黒田原さんが発言することはほとんどありません。会議では職種や経験年数にかかわらず意見を交換し、いろいろな角度から検討していくことが目的なので、黒田原さんにも発言してもらいたいと豊川さんは考えています。

会議場面① NG例

豊川さん

それでは、黒田原さんはどう思いますか？

私のほうは特に……

新人職員

豊川さん

そんなこと言わずに、何か発言してください

そうですね、みなさんと同じで大丈夫です

新人職員

豊川さん

一人ひとりがアイディアを言っていかないと
会議をしている意味がないじゃないですか

そうですけど……

新人職員

豊川さん

どのような意見でも大丈夫ですから、発言をお願いします

注意するコト

- 大勢のなかで発言することが苦手な人にとって、会議中に意見を求められても発言することは難しいかもしれません。そのような気持ちに配慮せず、豊川さんは発言を求めています。
- 戸惑う新人職員に対して、豊川さんはさらに発言をするように促しています。豊川さんからすれば「仕事なのだからきちんと発言すべきだ」という思いがあるかもしれません。しかし、新人職員からすれば急に発言を求められて「頭が真っ白」な状態なのでしょう。また、「みなさんと同じで大丈夫です」という発言に対し、発言の意図や具体的な内容を確かめることなく、「会議をしている意味がない」と注意しています。より発言へのハードルを上げることになり、新人職員は萎縮してしまいます。

意識するコト

話し合いのゴールをわかりやすく説明したり、経験や職種に関係なく意見を求めていることを説明したりすることは、新人職員の緊張を和らげることにつながります。また、発言した内容に対して、すぐに批判するのではなく、共感的に受け止めていくことが大切です。勇気を出して発言してくれたことに関しては是認します。

会議の場では受容的な雰囲気づくりが大切です。誰もが気兼ねなく発言できるような場を意識してつくっていきましょう。

会議場面② OK例

豊川さん

それでは、黒田原さん、ベテラン職員のなかで発言
しづらいかもしれませんが、一言お願いします

私のほうは特に……

新人職員

豊川さん

この会議では、利用者の方々によりよい生活を送ってもらうために
みんなでアイディアを出し合う場です。
経験は気にしなくても大丈夫ですよ

そうですか。でも就職したばかりなので、本当にまだよくわからなくて

新人職員

豊川さん

そうですよね。それではこちらから少し質問させてください。
黒田原さんは、食事介助はもう行っていますね。
食事の場面で何か気づいたことはありますか？

まだ教えてもらうことばかりでよくわからないのですが、
職員の皆さんは介助するのが速くて、私ばかり遅くなって、
なんだか申し訳ない感じがあります

新人職員

豊川さん

発言ありがとうございます。そういうご意見も参考になりますよ。
職員の動きが速くてついていくのが大変だと。
それは利用者のほうも同じかもしれませんね

そうかもしれません

新人職員

豊川さん

食事の時間はもう少しゆっくりとってもいいかもしれない。
この点に関して少し話し合ってみましょう

第
1
章
対人援助職に求められる
7つのコミュニケーション力

第
2
章
ケース別で磨く
誤解のないコミュニケーション

第
3
章
コミュニケーション力を活かした
相談面接

コミュニケーションのポイント

● 話し合いのゴールや会議の目的を共有する

新人職員はなかなか自分の意見を言うことができません。そこで豊川さんは「利用者の方々によりよい生活を送ってもらう」ことが**話し合いのゴール**であることや、全員で「アイディアを出し合う場」であることを説明しています。こうすることで、場を和らげ、会議の参加者全員が発言しやすいような雰囲気をつくっています。

● 相手に合わせて、範囲を限定した質問をする

それでも新人職員は積極的に発言することをためらっています。そのような新人職員の態度をとがめることなく、豊川さんは食事介助に限定した質問をしています。このように**答えられる範囲を狭めたり**、経験している範囲で意見を求めたりしたほうが、新人職員は答えやすくなります。

● 発言を受容的に受け止める

また、新人職員が「私ばかり遅くなって、なんだか申し訳ない感じがあります」と答えたときも（発言が会議の趣旨から少しずれていますが）、それを否定せず、「そういうご意見も参考になりますよ」と**発言ができたことに焦点を当てて**応答しています。このような応答は発言者の気持ちを和らげることに役立ちます。

POINT ・話し合いのゴールを会議の参加者全体で共有する
・会議の場では受容的な雰囲気づくりが大切

03 会議・意見交換

ケース07 意見が異なる同僚とのコミュニケーション

事例の概要

　　　　　特別養護老人ホームで主任を務める白岡さんは、同僚たちの意見をまとめるのに苦慮しています。白岡さんは利用者のペースに合わせてゆっくり介護をしたいと考えています。何人かの同僚はそういう白岡さんの考えに賛同してくれています。一方で、利用者のペースを尊重することは大切だが、業務が遅れてしまうと職員の負担が大きくなると考えている職員もいます。白岡さんはそのような同僚たちと話し合いをすることにしました。

白岡さんと同僚たちの会話① NG例

白岡さん

利用者のペースを考えて、食事介助はもう少しゆっくりしていこうよ

そうしたいけれど、業務が遅れてしまうよね

同僚1

白岡さん

だけど利用者のことを考えれば、私たちがバタバタと動き回るのもどうだろう

今日も人手が足りないし、午後からの入浴介助が遅れれば、夜勤の人にも迷惑がかかるし

同僚2

利用者のことは考えていく必要があるけれど、
こちらも仕事を進めていく必要があるし、少しは我慢してもらわないと

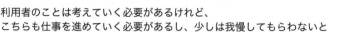
同僚3

白岡さん

すぐに人手を増やしてもらうこともできないし。そうかといって、
利用者に我慢してもらうのも話が違うような気がするし……

じゃあ、どうすればいいの?

同僚1

注意するコト

- 意見の対立する人との話し合いでは、「反対されている」とか「話を聴いてもらえていない」と思われないように注意する必要があります。

- 具体的には相手の言ったことに対して、「しかし」とか「だけど」というような逆接の接続詞を使ってしまうと、相手は「反論されている」と感じることがあるので注意が必要です。

- 「業務が遅れてしまう」という同僚の言葉に対して、白岡さんは「だけど」という逆接を使って応じています。このような言い方が必ずしも悪いというわけではありませんが、同僚にしてみれば「反対されている」という気持ちになり、それ以上、協働的な話し合いを続けていくことが難しくなってしまいます。

意識するコト

自分の考えとは異なる意見に対しては、賛同はできなくても理解していこうという気持ちをもつことは可能です。相手がどうしてそのように考えているのか、どういうふうにしていきたいのか、何を大切にしているのか、そのようなことを理解できれば合意できる点が見つかるかもしれません。

互いが自分の意見を主張しているだけでは、合意形成はできません。譲るべきところは譲り、主張すべきところは主張し合いながら折り合いをつけていきます。そのためには互いが冷静に話し合うことが必要です。いったん自分の考えを脇におき、相手の意見に耳を傾けていきます。聞き返しをしながら、理解していることを伝え、折り合いのつく点を見つけていきます。

白岡さんと同僚たちの会話② OK例

白岡さん

利用者のペースを考えて、食事介助はもう少しゆっくりしていこうよ

そうしたいけれど、業務が遅れてしまうよね
同僚1

白岡さん

職場のことも考えているんだ

それは当然だよ。チームでやっているんだから
同僚1

白岡さん

そうだよね。そのチームが最近、少しうまく回らなく
なっていると思うのだけど、どう思う？

仕事のやり方を巡って意見が割れているよね
同僚2

白岡さん

利用者のペースで介助したいという人たちと、職員同士
負担をかけ合いたくないという人たちがいるよね

そう。どちらの話もわかるんだけど
同僚3

職員同士迷惑はかけたくない。その一方で利用者のことを考えると、
このままでいいのかなと

白岡さん

そうだね。何かいい方法が見つかるといいよね
同僚2

白岡さん

そこのところを少し考えてみない？
どうすれば利用者にとって心地よい施設になるか

コミュニケーションのポイント

●同意できる部分を見つけ、伝え返す

白岡さんは「業務が遅れてしまう」という同僚の言葉を、**自分の意見に反対しているとはとらえずに、「職場のことも考えている」と理解し、伝え返しています。**よりよい職場にしていきたいという考えには白岡さんも同意できますし、同僚にも反対する理由はありません。もしここで、「利用者のペースに合わせた介護をする」という意見と「職員の利益を優先する」という意見の対立構造をつくってしまったら、それ以上話し合いは進展しません。だからこそ白岡さんは、利用者の食事介助という話から「チームのあり方」に同僚の話が変わっても、その話に耳を傾けています。そのうえでチームがうまく動かなくなってきたことについて同僚に開かれた質問をし、相手から共通認識を引き出そうとしているのです。

●両価性に配慮して、相手のペースに合わせる

同僚もチームがギクシャクしていることを理解しています。この点に関しても両者に対立すべき点はありません。ともに問題を解決していこうという同盟関係を結ぶことは可能です。白岡さんはチームの現状に関して分析し、同僚の同意を得ています。そのうえで「職員同士迷惑はかけたくない。その一方で利用者のことを考えると、このままでいいのかな」と、同僚の両価性を推測しながら聞き返しを行っています。このように相手とペースを合わせながら話を進めていくことで、「どうすればいいか一緒に考えていく」という協働的な方向性に導くことができました。

POINT　・対立したままでは話し合いは進展しない
　　　　・相手とペースを合わせながら、折り合いをつけていく

+α SNSを利用した コミュニケーション

　最近では、在宅勤務やテレワークが進み、SNSを活用したコミュニケーションも発達しています。気軽に連絡ができて便利である一方、思わぬ落とし穴があるかもしれません。以下は、SNSを利用したコミュニケーションの基本的な注意点です。

①悪口や愚痴は言わない

やることが多すぎる!!!

あの上司は理解がない

夜勤が大変

　仕事で大変なときは、誰かに話を聴いてもらいたいこともあります。仲のいい友人（同僚）だけに投稿しているつもりでも、SNSは多くの人の目にふれる可能性があります。個人的な意見であっても、職場の見解としてとらえられてしまうこともあるので注意してください。

②業務上知り得た情報を投稿しない

入居者の〇〇さん、
元警察官だったんだって

入居者の家族、いい車乗ってる

あの利用者、
△△に住んでるよ

業務上知り得たことを SNS 上で公開することは、当事者のプライバシーの侵害にあたります。直接名前等を記載していなくても、個人情報が特定されることもあります。職場の信用を失うことにもつながりますので、注意しましょう。また、誰かの写真を勝手に公開することもトラブルのもとになるので十分に気をつけてください。

③業務上の連絡をSNSだけで行わない

今日は仕事を休みます

今日は有給でお願いします

具合が悪くなったから早退します

□□さんの件ですが、
無事面接を終えることができました。
以上報告です

SNS は電話や口頭での報告と違って、忙しい相手の時間を調整しなくてもよいので便利な面もあります。しかし、文字だけのやり取りでは、表情や声の調子がわからないため、誤解を招くときもあります。そのような誤解を防ぐためには、必要に応じて対面で、相手の理解を確かめながら説明をしましょう。相手によっては SNS でのやり取りに慣れていない人もいます。そのような人たちにとっては、便利な SNS でも、負担に感じていることもあるので、注意が必要です。

POINT ▶
- ・SNSは多くの人の目にふれる可能性がある
- ・大切なやり取りはSNSだけで済ませない
- ・文字だけのやり取りは誤解を招くことがある

コミュニケーション力を
活かした相談面接

面接の場面と注意点

クライエントを
受け入れる
雰囲気

面接室での
面接

日常生活場面
での面接

直角法

パーソナル
スペース

さまざまな場面で行われる面接

クライエントとの面接はさまざまな場面で行われています。1番イメージしやすいのは面接室で行う面接でしょう。面接室で行う面接は**プライバシーを確保**できるので、クライエントは普段の会話では話せないような話をすることができます。反面、話を聴く側の配慮が足りないとクライエントが過剰に緊張してしまうこともあります。

日常生活の会話の延長で面接をすることもあります。クライエントが生活している場所で行う面接のため、気を張らずに話を進めていくことができますが、プライバシーに配慮していく必要が出てきます。

面接で活かされるコミュニケーションスキル

コミュニケーション力は面接の場面でも活用できます。例えば、**傾聴力**や**共感力**、**要約力**はクライエントの話を正確に理解していくために役立ちます。**質問力**はクライエントの話を理解することに加えて、クライエント自身の考えを引き出すことに役立ちます。そしてクライエントの思いや考えを理解し必要な情報を提供するときには**説明力**が必要になります。

また、面接においてはクライエントの様子を観察しながら話を進めていきますが、その際に役立つのが**非言語力**や**読み取り力**です。面接ではこれらのスキルを使いながら、クライエントが何に困っているのかを理解し、必要な支援につなげていきます。

01 面接室での面接

日時が決まっている面接

　面接室での面接には、面接日時を事前にクライエントと決めて行うものもあれば、クライエントが突然やってきて予約なく始まるものもあります。日時の決まっている面接の場合は、**クライエントを迎え入れるために環境を整えて**おきましょう。掃除をしておく、寒い日は部屋を暖めておくなど、些細なことではありますが面接をスムーズに進めるのに役立ちます。

　なお、決められた日時にクライエントが来ないことや遅れてくることがありますが、そういった行動もクライエントからのメッセージの1つととらえ、受容的に対応します。

想定外に始まる面接

　クライエントが予約なくやって来て面接を望むとき、もし先約がありすぐに面接を始めることができない場合はその旨をクライエントに伝え、改めて面接の予約をしてもらいます。すぐに面接を行える場合でも、面接に使うことのできる時間や面接の目的などをクライエントとともに面接を始める前に確認しておくと、面接を効率的に進めていくことができます。

　また、クライエントは、多くの場合、不安や傷ついた気持ちを抱えています。予約なく面接を希望するということは、そういう気持ちが大きくなっている可能性もありますので、クライエントには受容的に接していくことが大切です。

面接室での面接　図

面接室での面接のメリット・デメリット

メリット	デメリット
事前準備をしやすい	緊張する雰囲気になりやすい
面接の目的が明確になりやすい	面接の目的以外の話題をしにくい
プライバシーが確保されている	面接室に来ること自体のハードルがある
書類等を使用した説明がしやすい	第三者の目が届きにくい

面接室での面接例

・高齢者施設の入所面接
・児童発達支援センターでの発達相談
・学校での3者面談
・福祉事務所での生活保護申請の相談面接
・カウンセリング面接　など

02 面接室での面接の注意点

緊張しない雰囲気づくり

　面接室で行う面接では、日常生活で行う面接と違って、改まった雰囲気が出てきます。面接に慣れている支援者はあまり気にならないかもしれませんが、特に初めて面接室を訪れるクライエントにとっては面接室に入るだけで緊張してしまうかもしれません。

　そのように緊張したクライエントに対しては、少しでもリラックスできるような配慮が必要になります。支援者から声をかけたり、面接室に来たことに対して（面接室に来ること自体勇気が必要なクライエントも多くいます）**ねぎらいの言葉をかけたり**すると、クライエントの緊張はほぐれていきます。

向き合う位置

　クライエントが心地よく話ができるよう、向き合う位置についても気をつけます。例えば、クライエントと真正面から向き合う方法（対面法）は、より緊張感が高まります。正面から支援者に視線を合わせられると、クライエントは視線をそらすことができず、ずっと見つめられているような気がします。

　斜めに向き合う方法（直角法）は、対面法に比べて、クライエントが支援者と視線を合わせることも、そらすことも簡単にできます。しかし、面接室の間取り、テーブルや椅子の位置により直角法が難しい場合があります。テーブルを挟んで正面から向き合うようにしか対面できない場合でも、椅子を少し横にずらしたり、可能な範囲で後ろに椅子を引き、相手との距離を調整したりするというような工夫を行い、クライエントが気持ちよく話すことのできる空間をつくっていきます。

クライエントの緊張をほぐす配慮例

・面接室に来てくれたことをねぎらい、感謝する
・「面接室の場所はすぐにわかりましたか？」「外は寒くありませんでしたか？」など気遣う言葉を伝える
・暖色系の照明にするなど、温かい雰囲気をつくる
・部屋を適切な温度にする
・（場合によっては）お茶やコーヒーなどの飲み物を出す

面接室での座り方

直角法

対面法

日常生活場面での面接

何気ない会話から始まる面接

　日常生活のちょっとした会話から面接が始まる場合もあります。例えば、施設の入所者と雑談をしているときに、食事や外出に関する希望が出てくることがあります。あるいはデイサービスを利用する高齢者が送迎の最中に、自宅での生活は1人で寂しいなどと訴えてくることもあります。このような会話は、**クライエントの真のニーズを理解**していくためのよい機会になります。面接室で行う面接同様、共感的に傾聴していきます。

支援者から声をかける面接

　クライエントの**日頃の言動に注意を払う**ことも大切です。希望や要望をあまり言わないクライエントでも、普段とは違った様子がみられるときは話したいことがあるのかもしれません。そういったときは、**支援者から声をかけ**、クライエントの思いを理解していきましょう。

面接室での面接との違い

　日常生活場面での面接は、決まった時間をとるわけではないため、ニーズ解決のための具体的な計画を立てるなど深い話題には至らないこともあります。また、周囲にほかのクライエントや支援者がいるなどプライバシーが確保されておらず、詳細な内容まで話しづらい場合もあります。

　一方で、普段どおりのリラックスした状態で会話でき、本音を伝えやすいなどのメリットもあります。日常生活場面での面接で得た情報を踏まえて、改めて面接室での面接を行うなど、クライエントに合わせて面接方法も検討しましょう。

日常生活場面での面接のメリット・デメリット

メリット	デメリット
普段どおりの雰囲気でリラックスできる	プライバシーが確保されていない場合もある
面接時間の設定を柔軟にできることもある	面接の目的が明確にならないこともある
支援者は、面接室ではわからないクライエントの情報を得ることができる	表面的な話題に終始してしまうこともある
生活上の課題などは、その場でより具体的に理解できる	生活空間に立ち入られることを不快に感じるクライエントもいる

日常生活場面での面接例

廊下ですれ違うとき　　送り迎えのとき　　買い物などの介助時

04

日常生活場面での面接の注意点

パーソナルスペース

　人にはこれ以上近づかれると居心地が悪くなる距離（パーソナルスペース（p.38参照））があり、その距離は人によって異なります。

　パーソナルスペースを意識せず、相手に近づきすぎると、相手は心地よく話すことができません。特に、日常生活場面では、オープンスペースの椅子を利用したり、立ち話をしたりすることもあるでしょう。そのようなときに相手をよくみると、少し後ろに下がったり、椅子をずらしたりといった行動がみられることがあるかもしれません。より相手のパーソナルスペースを尊重し、クライエントにとって心地よい距離を模索することが大切です。特に支援者は話を聴くことに集中しすぎると、相手に近づきすぎてしまうこともあるので注意が必要です。

時間がないとき

　クライエントから急に話しかけられたとき、時間がとれないこともあります。そのようなときは「ちょっと待ってください」ではなく、「今、〇〇さんに呼ばれているところなので、10分くらい待っていただけますか」などと**具体的に応答**します。「ちょっと待って」という応答は、どのくらい待てばよいのかわからないため、クライエントを不安にさせてしまうこともあります。すぐに時間がとれないときは、都合のよい日時を伝え、相手が了解したら改めて面接の約束をします。

　面接時間がわずかしかとれない場合は、その旨を相手に伝えたうえで話を聴きます。「お話を伺いたいのですが、5分くらいしか時間がとれません。それでもよろしいですか」というように伝えておくと、面接を中断しやすくなります。

パーソナルスペースの配慮例

適切な距離感

クライエント	支援者
後ろに下がる	一歩下がる、身を引く
椅子をずらす	椅子を下げる、椅子の位置を斜めにする
身を乗り出す	少し距離をつめる
座る位置を近づける	より目が合うよう正面に近づく

クライエントとの面接時間がとれないときの伝え方の例

このあとすぐに打ち合わせなので、30分後くらいに改めてお声がけしますね

お話を伺いたいのですが、10分程度しか時間がとれません。それでもよろしいでしょうか

今、急ぎの電話が入っています。申し訳ないですが、午後にお話を聴かせてもらえないでしょうか？

次の予定が15時からなので、あと5分しかありません。
もし、よろしければ明日改めてお時間いただけないでしょうか

○○さんに呼ばれているところなので、5分くらい待っていただけますか

申し訳ございませんが、この後急用があります。
後日、ゆっくりお時間をとらせていただきたいと思います。
○月○日○時などご予定いかがでしょうか

動機づけ面接と４つのプロセス

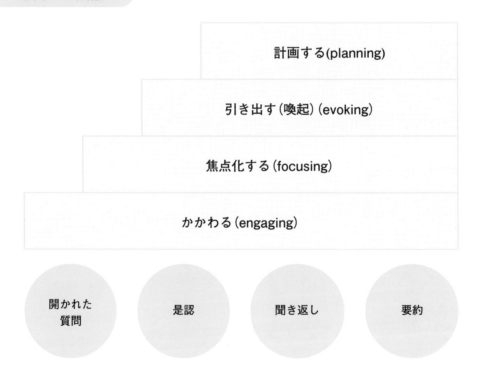

動機づけ面接

計画する(planning)

引き出す（喚起）(evoking)

焦点化する(focusing)

かかわる(engaging)

開かれた質問

是認

聞き返し

要約

出典：William, R.M. & Stephen, R. Motivational Interviewing, Third Edition: Helping People Change, The Guilford Press,p.26, 2012.を参考に作成

　前節では、一般的な面接場面を紹介しましたが、本節では、幅広い現場で利用されている「動機づけ面接」という面接法を取り上げ、具体的な４つのプロセスに沿って解説します。

動機づけ面接の目的

　動機づけ面接とは、クライエントの「変わろう」という気持ちを強めていくための協働的なスタイルの面接法です。クライエントの「変わろう」という気持ちとは、例えば、「健康のために禁煙しよう」とか「資格取得のために勉強を始めよう」といった行動変容に関する前向きな意向です。このような本人の「変わろう」という動機づけを高めることが動機づけ面接の目的です。

動機づけ面接の基本スキル

　クライエントは「変わりたい」と考える一方で、「今のままでいい（変わりたくない）」という気持ちを同時に抱くことがあります（**両価性**）。動機づけ面接では、この両価性を基本スキルによって解消し、変わろうという気持ちを強めていきます。基本スキルとは、**開かれた質問**（p.22参照）、**是認**（p.16、p.65参照）、**聞き返し**（p.12参照）、**要約**（p.51参照）です。

　この４つのスキルは、第１章のコミュニケーション力でも解説したとおり、普段のコミュニケーションで使うことも多いものですが、動機づけ面接では、チェンジトーク（p.162参照）を掘り下げるために利用していきます。

動機づけ面接の４つのプロセス

　面接は１回で終了するものから10回以上続くものまでさまざまです。面接時間も面接の内容によって変わってきます。しかし、どのような面接であっても、始まりから終わりまでの**面接の流れ**を意識しながら進める必要があります。動機づけ面接では、面接の開始から終結までを「かかわる」「焦点化する」「引き出す」「計画する」の４つの段階で説明できます。以下、このプロセスごとに解説します。

かかわる（Engaging）

受容し、信頼関係を築く段階

クライエントと支援者との間で信頼関係を築く段階です。この段階ではクライエントを受容し、クライエントを理解しているのだということを伝え返していきます。信頼関係は面接の土台です。聞き返しや是認をしながら、クライエントに「この支援者は信頼できる」「相談してよかった」と思ってもらえるように対応します。

例

社会福祉士

はじめまして。今日は久喜さんのお困りごとについて伺いに来ました

そうですか。実は母の介護のことで困っています

クライエント

社会福祉士

介護のことで困っている　単純な聞き返し

そうなんです。最近物忘れが激しくて。相手にするのも大変で

クライエント

社会福祉士

物忘れが多くなり介護が大変になってきた　単純な聞き返し

疲れてしまって。この先どうすればいいか

クライエント

社会福祉士

これまで、1人で頑張ってこられたのですね。
1人では大変だし、ほかの人の力を少しは借りてもいいかなと　是認　複雑な聞き返し

そうですね。それもいいかもしれない

クライエント

かかわる（Engaging）　図

信頼関係

相手を受け入れ、
理解しよう

この人なら、安心して
相談できそう！

「かかわり」のポイント

- クライエントがどのようなことを話しても、支援者の価値観を押しつけず、相手の思いや、考え、おかれている状況について理解していきます。そしてその理解したことをクライエントに伝え返していくことで、ともに問題を解決していこうという同盟関係を強化していきます。

- かかわる段階は面接全体の土台となるので、次の焦点化する段階、引き出す段階、計画する段階でも常に意識していく必要があります。面接の途中でも支援者の一言で信頼関係が損なわれてしまうこともあります。相手との間に不協和が起こっていないか気をつけるようにしてください。

特に活用したいコミュニケーション力 ▶ 傾聴力（p.2）、共感力（p.10）、非言語力（p.34）

焦点化する（Focusing）

話題を整理し、本題に入る段階

　焦点化は、クライエントの話題を整理し、どの話題から考えていくかをクライエントと一緒に決めていく段階です。

　面接が進み信頼関係が深まると、クライエントの話は主訴以外の話題に広がることもあります。クライエントの困りごとは１つではありません。すべての話を丁寧に聴いていければよいのですが、面接の時間は限られています。クライエントにとってどの問題が１番大切なのかを決め、本題に入る準備をします。

例

クライエント

それに最近、身体の調子もよくなくて

（受容）　それは大変ですよね　
社会福祉士

クライエント

誰か代わってくれる人がいればいいのですが。私１人ではもうやっていけません

久喜さんのご負担を少しでも軽くできるようにお手伝いさせてくださいね　
社会福祉士

クライエント

ありがとうございます。そう言っていただけると助かります。最近では、仕事も忙しくて、休みがとれません。医者からも無理するなと言われているのですが…

（焦点化）　お母様の物忘れ、ご自身の体調、仕事のことなど、いろいろなことが重なっているようですが、今、１番お話したいことは何でしょうか？　
社会福祉士

クライエント

やはり母のことです

焦点化する（Focusing）　図

信頼関係の深まり

今、1番
お話したいことは？

やはり、母の
ことでしょうか

「焦点化」のポイント

● 例のようにクライエントは話しているうちにいろいろな問題を相談してくることがあります。当初は母親の物忘れの話をしていましたが、社会福祉士との信頼関係が深まってくると、自分の体調や、仕事の悩みなどを口にするようになりました。

● 社会福祉士はクライエントの話を丁寧に聴きながら、ひと段落ついたところで要約し、どの話題を扱っていくか確認しています（焦点化の詳しい流れはp.55参照）。もし、この段階でクライエントの気持ちが変わり、相談内容が最初に取り上げた話題から変わってしまっても、**クライエントの決定**を尊重します。つまり、母親の物忘れで相談に来たクライエントが、社会福祉士と話すうちに新たな問題に気づき、その相談を行いたいというのであれば、まずはそちらを優先するということです。

● クライエントの話を聴いていて、支援者として専門的な立場から取り上げたほうがよいと思える話題が出てきたときは、クライエントの取り上げたい話題を尊重しつつ、「私にも話しておきたい話題があるのですが、よろしいでしょうか」というようにクライエントに許可を求めたうえで話し合っていきましょう。

特に活用したいコミュニケーション力 ▶ 要約力（p.50）

03

引き出す（Evoking）

▶ クライエントの「変わりたい」気持ちを引き出す段階

　クライエントとともに取り上げる話題を決めた後は、「行動していこう」という気持ちをクライエントから引き出す段階になります。具体的にはクライエントの話す言葉に注目し、チェンジトークが出てきたら深く掘り下げていきます。

チェンジトークと維持トーク　図

チェンジトーク

クライエントの「このままではいけない」「変わりたい」という前向きな意向

維持トーク

今のままでいい（変わらなくてもいい）という気持ちを表現したもの

チェンジトークを掘り下げる

「変わりたい」という気持ちと「変わらなくていい」という気持ちが両方ある場合、クライエントの発言はチェンジトークと維持トークが混じり合ったものになります。クライエントからチェンジトークが出てきたら、見逃さずに**関心をもって聞き返しや質問**をしながら、傾聴します。より深く掘り下げることで、クライエントの**変わりたい理由**やその背景にある**価値観**を理解することができます。

なお、チェンジトークを掘り下げる前に説得してしまうと、相手は現状維持の気持ちを強めてしまうこともあるので、注意が必要です。

チェンジトークと維持トークの例　図

チェンジトーク	維持トーク
資格取得の勉強を始めたいんですけど、	趣味の時間は減らしたくなくて……
運動を始めたいんだけど、	時間がないんだよ……
ジムに通おうと思っているんですが、	仕事が忙しくて難しいんです
禁煙したほうがよいのはわかっているけど、	きっかけがなくてね
外食を控えたいんだけど、	料理は苦手なんです
本当は掃除もしっかりしたいんだけど、	すぐ疲れるからできないんだよね

例

社会福祉士

お母様のことについて、どういうふうにしていきたいと考えていますか　（開かれた質問）

そうですね。介護は続けたい気もするし、これ以上は難しい気もしています。ただ、母親自身は、物忘れが激しくなってきたとはいえ、まだまだやれることもあると思っています

クライエント

社会福祉士

家事とか友達づき合いだとか　（複雑な聞き返し）

そうだと思います。本人も自宅での生活を続けていきたいようですし

クライエント

社会福祉士

ご自宅での生活が1番ですよね　（是認）

施設へ入ってもらうことも考えたのですが、今の様子をみているとまだ早いかなって思うこともあります。とはいうものの、私も仕事があるし、家で1人にしておくのもどうかな。やっぱり自宅での生活は無理ですかね

クライエント

社会福祉士

仕事のことを考えると施設を利用することも考えている。その一方でご自宅での生活を続けてもらいたい　（チェンジトークを引き出す要約）

そうですよね。本人のことを考えれば、自宅での生活を続けたほうがいいかもしれないですね。そのために私もできることをしていきたいし

クライエント

社会福祉士

お母様のことを考えると、自宅での生活を続けたほうがいいと。買い物や、友達との交流を楽しむとか、できることを継続しながら。福祉サービスを利用すればご自宅での生活を続けていけると考えていらっしゃるのですね　（チェンジトークを引き出す聞き返し）

そういう方法が1番いいかもしれませんね

クライエント

チェンジトークを聞き逃さない

「引き出す」のポイント

● クライエントは、母親の介護を続けていきたい気持ちと、これ以上は難しいのではないかという気持ちの両方をもっています。社会福祉士は、そういうクライエントの気持ちを傾聴しながら、クライエントの価値観を理解していきます。クライエントは「施設を利用することも考えている」と言いながらも、母親には住み慣れた自宅で生活を続けてもらいたいという考えがあります。

● 支援者の視点からみて、母親がまだ自宅で生活できると判断できるのであれば、クライエントの気持ちを優先し、自宅での生活をクライエントとともに考えていくことが可能です。そのためには、クライエントのチェンジトークを聞き逃さず、チェンジトークを引き出す要約や聞き返しを行います。クライエントの方向性がみえてきたら、「計画」の段階に移っていきます。

特に活用したいコミュニケーション力 ▶ 共感力(p.10)、質問力(p.18)

+α チェンジトークや維持トークへの応答

　チェンジトーク（クライエントが「変わりたい」という気持ちを表明している言葉）と維持トーク（「今のままでいい（変わりたくない）」という気持ちを表明している言葉）、どちらに焦点を当てていくかで、会話の流れが変わっていきます。

✖ 維持トークに焦点を当てた例

クライエント
運動をしたいと思っているのですが、朝起きられなくて

どうして起きられないのでしょう

支援者

クライエント
仕事が忙しくて、夜寝るのが遅くなってしまいます

残業はほどほどにしないと

支援者

クライエント
なかなかそれができなくて

それでは休日に運動するのはどうでしょうか

支援者

クライエント
それも考えたのですが、せっかくの休みだし、のんびりしているとあっという間に1日が終わってしまいます

　維持トークに焦点を当てて会話を進めると、クライエントはますます維持トークを続けます。このような会話では「変わろう」という気持ちは強まりません。

チェンジトークに焦点を当てた例

クライエント

運動をしたいと思っているのですが、朝起きられなくて

どうして運動したいと思っているのですか

支援者

クライエント

少し健康のことが気になってきて

それで少し運動をしたほうがいいかと

支援者

クライエント

ええ。最近では少し動くと息切れもするし、洋服もキツくなってきたから
運動して健康を取り戻したいと考えています

なるほど。以前のように動いても息切れしない身体を取り戻したいし、
洋服のこともあるので運動を始めたいと考えているのですね

支援者

クライエント

そうです

　チェンジトークに焦点を当てて会話を進めると、クライエントの気持ちは「変わろう」という方向に進んでいきます。
　両価性を抱くのは一般的なことです。そのため、私たちの会話には「運動したいと思っているけど、朝起きられなくて」というようにチェンジトークと維持トークが入り混じって出てきます。動機づけ面接では、このようなクライエントの発言のなかにあるチェンジトークに焦点を当て、スキルを使って応じていくことで「行動していこう」という気持ちを強化していきます。
　チェンジトークに応じながら、「変わりたい」理由を掘り下げ、動機づけを高め、変わるための方法をクライエントとともに考えていきます。

維持トークと不協和

信頼関係があってこその面接

「かかわり」の項目でも述べたように、面接ではクライエントと支援者との間に信頼関係が築かれていることが前提です。互いが信頼し合い、ともに問題を解決していこうという同盟関係を結べてこそ面接を進めていくことができます。この信頼関係はすぐに築くことができる場合もあれば、時間がかかる場合もあります。また、一度築いた信頼関係も些細なことで壊れてしまうことがあります。

不協和

クライエントとの信頼関係が壊れ、互いの人間関係に黄色信号が灯った状態が不協和（p.44参照）です。相手との関係に不協和があると感じた場合は、人間関係の修復に努めます。相手の話に耳を傾け、思いや感情を理解し、相手との間に誤解があれば解いていきます。また、クライエントが維持トークをしたときに、不協和だと勘違いしないようにすることも大切です。

維持トークの例	不協和の例
やってみたけど、できませんでした	あなたには理解できません
早起きができないので、運動は難しいです	面接をやっても無駄です
仕事が忙しくて、なかなか実行できません	今は話したくありません

維持トークと不協和の違い

　維持トークはクライエントが両価性を抱えていることを示すものです。両価性を抱くのは一般的なことなので、クライエントから維持トークが発せられても人間関係に黄色信号が灯っているわけではありません。しかし、維持トークへの対応を誤ると不協和を招いてしまうことがあるので注意が必要です。

　不協和は「人間関係がうまくいっていませんよ」というクライエントからの合図です。その合図が発せられたときは、見逃さずに、信頼関係を取り戻すことを最優先にします。

勉強しなきゃと
思うんだけど、
やる気がでなくて……

これは維持トーク！
不協和の合図は
出ていないかな

04

計画する（Planning）

行動計画を立てる段階

　最後は、**クライエントとともに具体的な行動計画を立てる段階**になります。１つ前の引き出す段階で、クライエントはどのように行動していけばよいのかということについて、自己理解を深めています。変化の方向に対して、クライエントとともに具体的に実施することを検討します。

クライエントの気持ちを最優先に

　計画を立てるときにもクライエントの気持ちを最優先に考えてください。支援者からすればベストだと思う方法でも、クライエントは別の方法を選択するかもしれません。

　例えば「運動する」という計画を立てる場合、支援者は筋トレを勧めたいと思っていても、クライエントがジョギングを選択するのであれば、ジョギングから始めてみるということです。しかし、もしここで「それでも支援者としては筋トレを勧めたい」ということであれば、ジョギングをしたいというクライエントの気持ちを尊重しながら提案していきましょう。

　ゴールに至る道は１つではありません。どのような道を歩いてゴールに辿り着くかを決めるのはクライエントです。支援者はクライエントに寄り添いながら、クライエントが必要な情報を提供していきます。

例

社会福祉士

お母様が自宅で生活を続けていくための話を進めて
いきたいのですが、よろしいでしょうか （許可）

よろしくお願いします

クライエント

社会福祉士

久喜さんとしてはお母様の在宅生活についてどのようにして
いきたいと考えているのでしょうか （開かれた質問）

まだよくわからないのですが、福祉サービスというのは
どのようなものがあるのでしょうか

クライエント

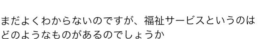

社会福祉士

デイサービスやホームヘルプサービス、それからショートステイ
などがあります（それぞれのサービスの説明をする）。いかがで
しょうか、何かご利用できそうなサービスはありますか （閉じた質問）

デイサービスなんか楽しそうでいいですね。知り合いなんかも増えるだろうし

クライエント

社会福祉士

そうですね。みんなで一緒に食事したり、レクリエーションを
したりして気分転換にもなりますよね。もしよろしければ、私
のほうからも提案があるのですがよろしいですか （許可）

ぜひお願いします

クライエント

社会福祉士

（ホームヘルプサービスやショートステイを勧める） （情報提供）

そうですね。そちらも検討してみます

クライエント

図 計画する（Planning）

自己決定

よし、決めた！

情報提供 →

← 相談

「計画」のポイント

●社会福祉士とクライエントは、母親の在宅生活に向けて具体的な話し合いを開始しました。社会福祉士はクライエントの気持ちに配慮しながら情報提供を行っています。

●情報提供の際、気をつけておきたいのは、提供された情報を受け入れるかどうかはクライエント次第だということです。社会福祉士はクライエントに対して福祉サービスに関する情報提供をしていますが、サービスを使う・使わない、あるいはどのサービスを使うのかを最終的に決めるのはクライエントです。

●クライエントはデイサービスが母親にとって1番いいのではないかと判断しています。社会福祉士はその判断を尊重しています。そのうえで、クライエントの許可を得て、支援者としての意見を伝えています。このような伝え方をすると、クライエントは心理的な抵抗が減り、情報を受け入れやすくなります。

特に活用したいコミュニケーション力 ▶ 説明力(p.26)、読み取り力(p.40)

+α 動機づけ面接を現場で使う

動機づけ面接は幅広い場面で活用できる

動機づけ面接はクライエントの抱える両価性を解消し、「変わろう」という気持ちを強めていくために開発された面接方法で、医療・保健・福祉・教育・司法など幅広い現場で取り入れられています。

もしかしたら、皆さんが現場で出会うクライエントも「福祉サービスを利用したいけど、まだ1人で大丈夫かもしれない」とか「特別支援教室を利用してみたいけど、どうしようか迷っている」というような両価性を抱えているかもしれません。そのような気持ちを抱いているクライエントに対しては、動機づけ面接を使って支援することができます。

クライエントのためになるか

動機づけ面接を使ってクライエントを支援するとき、大切なことは「変わる」ということが本当にクライエントのためになるかということです。「変わる」ことが支援者の利益のためであるということはあってはなりません。クライエントが変わろうと決意し行動していくことが、クライエントの生活を豊かにしていくことにつながっているか？　ということを、私たちは常に考えて支援を行う必要があります。

参考文献

- Miller, W. R. *LISTENING WELL: The Art of Empathic Understanding*, Wipf & Stock Publishers, 2018.
- 御輿久美子「アカデミック・ハラスメントの防止対策」 『現代のエスプリ』第511号、2010年
- 水野修次郎『争いごと解決学練習帳——新しいトラブル防止教育』 ブレーン出版、2004年
- 須藤昌寛『福祉現場で役立つ　動機づけ面接入門』中央法規出版、 2019年
- 渡辺三枝子『新版カウンセリング心理学——カウンセラーの専門性 と責任性』ナカニシヤ出版、2002年
- ウイリアム・R・ミラー・ステファン・ロルニック、原井宏明監訳 『動機づけ面接〈第3版〉』星和書店、2019年

索引

須藤昌寛（すどう　あきひろ）
国際医療福祉大学医療福祉学部医療福祉・マネジメント学科教授　博士（心理学）

特別養護老人ホームのケアワーカー、生活相談員、介護支援専門員、スクールカウンセラー等を経て現職。
公認心理士、精神保健福祉士、社会福祉士、介護福祉士、特別支援教育士、MINT（動機づけ面接トレーナーネットワーク）メンバー。
主な著書として『福祉現場で役立つ動機づけ面接入門』（2019、中央法規出版）など。

あとがき

　コミュニケーションをとるうえで1番大切なことは何だろう。本書を書いている間、そんな疑問が時々浮かんできました。本来は順番をつけられるものではありませんが、今の私のなかでは「傾聴」ではないかと思っています。

　傾聴とは相手の話を一生懸命、耳を傾けて聞くということです。対人援助職の場合は一生懸命聴いているということに加え、聴いていることを話し手に伝えていくということも求められます。「一生懸命耳を傾ける」というのは聴き手側の気持ちの問題です。それに対して「聴いているということを話し手に伝える」というのは聴き手が身につけていくべきスキルになります。つまり傾聴するためには気持ちとスキルの両方が必要になってくるのです。対人援助職を目指す人は、相手の話を一生懸命聴こうという気持ちをもっている人が多いのではないかと思います。ですからその気持ちに見合ったスキルを身につけていければ、さらによい聴き手になることができるのではないかと私は考えています。

　スキルに関しては一つお話したいことがあります。

　本書の執筆を開始した頃、コミュニケーションをとろうとしても、「どうにもならない」という経験をする機会がありました。一生懸命聴いていることを伝えようとしても、それができないのです。相手は自分の思いを一方的に、大声で怒鳴るように話し、こちらの話を聞くことはありませんでした。そのような状況で、私がこれまで身につけてきたスキルや、本書で述べてきたようなことが通用しないのではないかと思い、心が苦し

くなりました。それでも医師や以前の同僚、職場の人たち、そして家族に状況を理解してもらうことで、少しずつですが前に進んでいこうという気持ちになり執筆を続けていくことができました。このような経験から、本書で書いてきたコミュニケーション力は、周囲の人たちとの連携にも役立つのだということに思いいたりました。世の中には「話の通じない難しい人」もいます（あくまでもこちら側の見方になるでしょうが）。プライベートであればそのような人とは付き合う必要はないかもしれません。しかし、チームで仕事をする必要がある職場や、対人援助の現場ではそれが難しいこともあります。そのようなときには一人で抱え込まず、理解者を増やしていくことが大切です。周囲の人の話に耳を傾け、こちらの話を伝え、お互いの理解を深めていくことが解決につながっていくのだと思います。

　本書の制作では企画の段階から最後まで、中央法規出版編集者の牛山さんのお世話になっています。執筆や校正を通して、一冊の本をつくるという作業は一つのアイディアをみんなで検討したり深めたりしていく協働作業であり、それは対人援助という仕事でも同じなのだということに気づくことができました。ありがとうございました。

2022年　春

須藤　昌寛

イラストでわかる
対人援助職のためのコミュニケーションと面接技術

2022年 6 月20日　初　版　発　行
2024年 5 月25日　初版第 3 刷発行

著　者　　　　須藤昌寛
発行者　　　　荘村明彦
発行所　　　　中央法規出版株式会社
　　　　　　　〒110-0016　東京都台東区台東3-29-1　中央法規ビル
　　　　　　　TEL　03-6387-3196
　　　　　　　https://www.chuohoki.co.jp/

印刷・製本　　株式会社ルナテック
装幀デザイン　二ノ宮匡（ニクスインク）
本文・DTP　　ホリウチミホ（ニクスインク）
装幀イラスト　大野文彰
本文イラスト　ふるやますみ